¿A qué huele
en tu habitación?

Prof. Daniel Marcelli
Christine Baudry

¿A QUÉ HUELE
EN TU HABITACIÓN?

¿Su hijo adolescente fuma hachís?

dve
PUBLISHING

Colección dirigida por Bernadette Costa-Prades.

Traducción de Nieves Nueno.

Diseño de la cubierta de Bruno Douin.

Ilustración de Jesús Gracia.

Título original: Qu'est-ce ça sent dans ta chambre?

© Editorial De Vecchi, S. A. 2018
© [2018] Confidential Concepts International Ltd., Ireland
Subsidiary company of Confidential Concepts Inc, USA
ISBN: 978-1-68325-726-4

Introducción

El cannabis forma parte del mundo de los adolescentes, y los padres tienen que conformarse con esta circunstancia, ¡cualquiera que sea su opinión al respecto!

A los diecisiete años, al menos uno de cada dos chicos ha fumado ya un porro, mientras que a los dieciocho uno de cada cinco es consumidor habitual. Por lo tanto, son muchos los que prueban, y menos los que fuman con regularidad.

No importa: para los padres la inquietud siempre es grande, sobre todo porque demasiado pronto se creen desprovistos de toda función educativa, frente a ese semiadulto en el que se ha convertido su hijo. ¿Cómo reaccionar cuando se plantea la cuestión del porro porque el adolescente ha dejado a la vista huellas evidentes? ¿Qué decir cuando vuelve a casa con un aspecto extraño y se encierra en un comportamiento enigmático? ¿Hay que guardar silencio aun a riesgo de que el problema vaya creciendo? ¿Debe entablarse una discusión que puede llevar al enfrentamiento? ¿Tiene que imponerse la propia autoridad y arriesgarse a una ruptura? Son preguntas que se plantean todos los padres, con el temor de una evolución hacia la toxicomanía como trasfondo. Este miedo, a veces justificado, puede empujarles a adoptar actitudes poco adecuadas, como rehuir el problema o vigilar de forma constante a su hijo adolescente. Así, este reacciona, en muchos casos, con la oposición, el desafío y el aumento del consumo, y la familia se arriesga a encerrarse en un círculo vicioso que hará sufrir a todo el mundo.

Este libro tiene la ambición de responder a estas preguntas. Aporta lo esencial de la información útil para afrontar el problema del cannabis con lucidez, para que la legítima angustia de los padres no sea mala consejera. Propone elementos sencillos para permitirles dialogar abiertamente con su hijo. Da consejos concretos sobre la estrategia que debe adoptarse: ¿cuándo hablar?, ¿cómo desmontar sus argumentos confusos?, ¿cómo ayudarle a resistir? Recuerda a los padres la importancia de su función respecto a su hijo adolescente, aunque este parezca poner en duda su autoridad de forma permanente. También evoca las situaciones especiales, como el progenitor solo con un adolescente, el padre que a su vez es consumidor, etc.

Hoy en día, los adolescentes son individuos activos, curiosos, deseosos de hacer conquistas en un mundo abierto que ofrece múltiples experiencias. Pero también son sensibles y vulnerables, expuestos a un mundo a veces hostil o que trata de explotarles, y los padres siguen siendo sus mejores guías.

Capítulo 1

¿De qué hablamos?

Casi la mitad tanto de chicos como de chicas han fumado ya al menos un porro a los dieciséis o diecisiete años. El cannabis forma parte del entorno de los adolescentes de hoy en día. Para todos los padres de nuestro tiempo, es importante conocer el tema más allá de los mitos y los prejuicios: ¿qué producto es ese?, ¿cuáles son sus peligros reales?, ¿quiénes son esos adolescentes que fuman?

El cannabis en el universo adolescente

Hay quienes fuman el sábado por la noche y quienes se lían un porro todos los días; quienes sólo lo han probado una vez y los viejos adictos, pero todos hablan del tema... Según el *Informe anual 2005* del Observatorio Europeo de las Drogas, el cannabis es la sustancia ilegal más consumida en Europa. Al igual que ocurre con otras drogas, los adultos jóvenes son los que registran las tasas de consumo más elevadas: entre el 11 y el 44 % de los jóvenes europeos de 15 a 34 años declaran haber consumido cannabis en alguna ocasión; entre el 9 y el 45 % de los europeos de 15 a 24 años han probado el cannabis, y las tasas de la mayoría de los países se sitúan entre el 20 y el 35 %.

Una estimación muy aproximada sería que 1 de cada 10 a 20 jóvenes europeos es consumidor de cannabis en la actualidad. El Reino Unido y España son los países con las tasas más elevadas.

Cabe destacar que todas las clases sociales se ven afectadas: tanto los barrios elegantes como los suburbios más modestos.

¿Omnipresente?

Efectuemos este pequeño cálculo: si se estima que a cada adolescente le ofrecen un porro dos veces al mes, eso suma 20 veces al año; ¡140 ocasiones de fumar durante los siete años de la ESO y el bachillerato! Y es una estimación baja. ¿Cómo no van a tener ganas de probarlo al menos una vez? Parece inocuo, sin peligro. El 80 % de los consumidores se aprovisionan con amigos, o con amigos de esos amigos; sólo el 20 % trata con camellos profesionales. El problema de esta comercialización entre «colegas» es que resulta tranquilizadora, facilita el paso a la acción y participa en la vulgarización de la sustancia en la mente de toda una franja de edad.

Sin embargo, el cannabis es una sustancia ilegal. En España, está prohibida la producción, la fabricación, el tráfico, la posesión o el uso de sustancias ilegales. Pero dicho uso, aunque prohibido y bajo estricto control, no constituye delito alguno, sea cual sea el motivo de dicho consumo, incluido el terapéutico.

La Ley de Seguridad Ciudadana sólo prohíbe y castiga con sanción administrativa el consumo de sustancias ilegales en lugares públicos, incluyendo el cannabis, por ser peligroso para la salud pública. Por lo tanto, solamente se considera delito el tráfico, es decir, la compraventa a terceros, motivo por lo que los consumidores suelen recurrir a la estrategia del autocultivo personal para su suministro. El problema radica en que no hay especificada la cantidad considerada para que el acto sea considerado de posesión y cultivo para uso personal o de tráfico, por lo que queda a la decisión subjetiva de un juez.

En conclusión, nuestro hijo adolescente podrá fumarse con toda tranquilidad un porro mientras lo haga a escondidas de la policía, en casa de un amigo o en su propio dormitorio, y hasta podrá atreverse a cultivar un poco de marihuana si así se lo permitimos...

Consumo muy distinto de un adolescente a otro

No basta con constatar que la mitad de los jóvenes fuman o lo han probado, ya que esta cifra oculta realidades muy dispares. Más allá de la etiqueta de «porrero», hay que distinguir entre el adolescente que se fuma un porro en una fiesta y el que lo hace para anestesiar su dolor moral.

⇨ **Consumo ocasional**
Objetivamente, la mayoría de los jóvenes entran en esta categoría: fuman de vez en cuando, sobre todo el sábado, en una fiesta... La ocasión hace al ladrón. La calada de cannabis sustituye a la copa o se le añade para suscitar una suave euforia. Este consumo limitado del cannabis se denomina

«recreativo» o «amistoso» y no tiene ninguna consecuencia en la salud o la escolaridad. Sólo existe un
riesgo, pero es inmediato: la conducción de un vehí-
culo de motor en estado de ebriedad cannábica.

Los padres que sospechan que hay porros y alcohol en las fiestas deben mostrar que no les gusta
demasiado, y sobre todo pedirle al adolescente que
no coja la moto y estudiar con él una forma de
transporte para el regreso: ¿habrá un amigo fiable?
Dicho de otro modo, un joven que se comprometa
a permanecer sobrio por completo para asegurar
el regreso de sus compañeros; si no, habrá que ir a
buscarlo...

➪ «Pequeño» consumo regular

El «pequeño» consumidor se limita a 5, 10 o 15 g al
mes, a veces con excesos el fin de semana. Recurre
al cannabis en solitario para calmar sus tensiones
internas y lo dice sencillamente: «Con esto, me siento
mejor, estoy guay». El impacto escolar y social de su
consumo depende de su capacidad para contro-
larlo. El «pequeño» consumo regular puede corres-
ponder a un momento difícil de su vida y en ese caso
sólo dura unos meses. Pero también puede arras-
trarle de forma progresiva a la categoría siguiente.

¿A qué huele en tu habitación?

Los padres que se aperciben de este hábito deben intervenir para evitar su agravamiento, aunque con tacto, como veremos más adelante.

⇨ Consumo autoterapéutico

La situación es seria. El joven que recurre al cannabis con fines «autoterapéuticos» puede fumar de 20 a 60 g al mes, solo o en grupo. Este adolescente va en busca de un efecto antidepresivo, ansiolítico o hipnótico.

Los trastornos que sufre como consecuencia de ello resultan inevitables: disminución de la concentración y la memorización, dificultades escolares, aislamiento, pérdida de referencias y de toda motivación al margen del deseo de fumar, miedo de no controlar nada...

Los adolescentes que llegan a este punto son vulnerables y a menudo tienen problemas afectivos y de relación, sobre todo con sus padres. Estos jóvenes fumadores, más numerosos de lo que se cree y que en realidad luchan contra auténticas depresiones, necesitan psicoterapia y un tratamiento antidepresivo. La reacción de los padres, tan pronto como toman conciencia de la situación, debe ser rápida y firme.

⇨ **Farmacodependencia o toxicomanía**

El joven fuma más de 60 g al mes, y hasta 150 o 200 g. No se trata de heroína ni de cocaína, pero no deja de ser una toxicomanía. El chico que recurre a este uso anestésico del cannabis sufre a menudo trastornos graves de la personalidad, e incluso una auténtica patología psiquiátrica (esquizofrenia, trastornos bipolares graves). En poco tiempo se excluye del sistema escolar y se margina. Debe ser enviado a un centro de tratamiento especializado para toxicómanos. Estos adolescentes en apuros tienen que ser reconocidos como tales y ayudados, pero no son representativos de la masa de jóvenes que fuma cannabis hoy en día. Resulta urgente la intervención de los padres o de un adulto responsable.

¿Qué fuman? El cannabis examinado con lupa

Dicen *hachís*, *chocolate*, *costo*, *mierda*, *canuto*, *peta*... Nombres familiares para un producto que se ha vuelto banal y que no dan cuenta de la diversidad de formas de cannabis que se encuentra en el mercado.

¿A qué huele en tu habitación?

Cannabis es el nombre latino del cáñamo, pero su uso se ha limitado a la designación del cáñamo índico *(Cannabis sativa)*, una bonita planta verde de hojas dentadas cultivada desde hace milenios en todas las latitudes por su principio activo, el delta 9 tetrahidrocannabinol o THC. Después de distintas transformaciones, el THC puede comercializarse en forma de aceite, resina u hojas secas. Las dos últimas presentaciones son las más frecuentes.

La resina es producida por las flores de la planta hembra y tradicionalmente es muy rica en THC. Después de secarla, calentarla y comprimirla, se mezcla con diversos productos (betún, henna...) y luego se vende en pequeños rectángulos negruzcos o marrones que se denominan *piedras*. El contenido de THC depende de la calidad de las mezclas. Se sospecha que así circulan bajo cuerda auténticas porquerías. Pero, para los adolescentes informados, esta circunstancia casi forma parte del juego: saber con quién proveerse, no dejarse engañar con la calidad... ¡Pueden mostrarse muy exigentes con sus proveedores! «Tu costo suelta demasiado humo»; «Fulanito sólo vende chocolate demasiado cortado». No dudan en comparar y sacar partido de la competencia.

Con la piedra en el bolsillo, sólo falta conseguir papel para liar (cuyas ventas en España superan con gran diferencia las cantidades correspondientes al tabaco para liar...) y cigarrillos. La china de chocolate se calienta suavemente con el mechero, lo que permite desprender algunas migajas. Liado con tabaco en una hoja de papel para cigarrillos, acompañado de un trozo de cartón del paquete de cigarros, el porro está listo (véase el capítulo 3).

La resina de hachís también puede ingerirse. Algunos adultos la cocinan y tienen recetas muy elaboradas a base de resina de cannabis. Sin embargo, los adolescentes suelen conformarse con diseminar unas migajas de chocolate en una masa de bizcocho para hacer pasteles. Salvo para el que tiene la «mala suerte» de tropezar con una parte de bizcocho poço «condimentada», el cannabis así ingerido tiene efectos retardados, pero más marcados y duraderos que uno o dos porros compartidos en una velada.

Por último, para un efecto más fuerte, algunos consumidores experimentados confeccionan pipas de agua con botellas de plástico o trozos de bambú. El chocolate se quema con tabaco y el humo se aspira a través del agua según el principio del narguile. El efecto inicial del cannabis se ve potenciado y modificado: el canuto calma, mientras que la pipa «coloca». No obstante, esta práctica resulta más marginal, aunque es muy practicada por quienes han pasado a un consumo intensivo, e incluso toxicomaniaco, del cannabis.

La hierba —*la maría*— designa las hojas, los tallos y las flores de la planta simplemente secados como heno. Antes se hablaba de marihuana... La maría, muy buscada e incluso considerada ecológica (¡!), ya que no se corta con sustancias desconocidas, se consume un poco más que el costo (hierba y costo afectan respectivamente al 91 y al 85 % de los consumidores). La hierba puede fumarse tal cual en papel de liar (el cigarrillo así obtenido es bastante áspero y quema realmente el fondo de la garganta), pero casi siempre se mezcla con tabaco para formar un porro. Puede decirse que hay dos clases de hierba: la del «comercio», procedente de Holanda y vendida al mismo precio que el costo, y la hierba «casera», cultivada en un armario del piso o en el jardín. ¡Está muy de moda fumarse la propia producción!

El aceite de cannabis, un concentrado de THC extraído mediante disolventes, sólo afecta al 9 % de los usuarios. Es más difícil de encontrar e interesa más a los consumidores intensivos que a los jóvenes fumadores del sábado por la noche o a quienes lo prueban de forma ocasional.

¿De dónde vienen estos productos?

La mayor parte del cannabis consumido en Europa proviene de Marruecos. Los Países Bajos suministran más bien hierba y los aprendices de jardinero se procuran también allí semillas y todo lo necesario para la plantación... Las semillas de los Países Bajos proceden de diversas selecciones botánicas, y algunas tienen un porcentaje de THC muy elevado. Tanto si se trata de costo como de hierba, los observadores del tráfico (aduanas, policías...) han constatado que los productos consumidos en la actualidad por los adolescentes son a veces más potentes, más fuertes en THC que hace treinta años. Dicho de otro modo, muchos de los padres que fumaban en los años setenta se quedarían «colocados» con los canutos de sus hijos.

En contrapartida, a menos que sean expertos en botánica, los jardineros aficionados que replantan año tras año semillas procedentes de su propia producción a menudo acaban fumando... heno.

⇨ ¿Cuánto cuesta?

Las tarifas varían dependiendo de las zonas y las épocas, pero el precio medio se sitúa en 2 € por gramo, que da para dos o tres porros, es decir, una tarifa bastante asequible para un adolescente que cuente con una pequeña paga.

¿Qué hay que temer?

⇨ ¿Qué ocurre cuando se fuma?

El cannabis alcanza enseguida el cerebro, donde provoca los efectos perseguidos: sensación de suave euforia, relajación, modificación de las percepciones (vista, oído, tacto...). Salvo casos excepcionales (y consumo masivo), el fumador de porros no pierde la conciencia de sí mismo ni de sus actos (aunque puede adormecerse), y la alteración de los sentidos no llega a provocar alucinaciones.

• **Relajado por completo, el fumador se siente más perspicaz, más lúcido:** sin embargo, es una falsa impresión, ya que en realidad sus facultades neu-ropsíquicas están mermadas por el THC, en particu-lar el razonamiento y la memoria. Al alcanzar el cere-belo y el hipotálamo, el cannabis actúa de forma directa en el control de los gestos y la memoria inme-diata. Justo después de un canuto, es más frecuente preguntarse «¿Dónde están las llaves de mi escúter?» que lanzarse a un ejercicio de álgebra.

• **La modificación de las percepciones provoca sensaciones distintas:** la música parece más intensa, la pintura más tornasolada... Pero el fumador de can-nabis no se convierte por ello en creador o artista. El «desbordamiento de los sentidos», tan ensalzado por los poetas malditos franceses (Baudelaire, Rimbaud...), nunca ha inspirado a quien no fuese ya un auténtico genio. Para el común de los mortales, al provocar la apatía y un desinterés por todo, el cannabis tiende más bien a sofocar los dones, a aniquilar toda velei-dad de escribir o de practicar un instrumento. El cere-bro experimenta un placer que se basta a sí mismo y deja de estar preparado para el menor esfuerzo.

• **A veces la experiencia resulta desagradable.** El hachís amplifica las emociones; puede agravar la tristeza o la ansiedad. En algunas personas, provoca migrañas, sensaciones de frío, vértigo y vómitos. En otras, la pérdida del autocontrol y las distorsiones sensoriales suscitan una crisis de ansiedad. Es el *bad trip*, un mal viaje. Cuando sobreviene un mal viaje la primera vez que se prueba, ¡el adolescente suele evitar la repetición de la experiencia!

¿Es peligroso para la salud?

• **El primer peligro se relaciona con la ebriedad cannábica.** Como toda persona ebria, el fumador no tiene conciencia de su estado; sus percepciones están modificadas. Esta circunstancia resulta muy clara al volante de un coche o de un escúter. El fumador ya no domina sus gestos y reflejos, pero, al igual que el bebedor, está muy convencido de que «controla». Por otra parte, la asociación con el alcohol es aún más peligrosa. Todo padre que sabe —porque ya ha hablado de ello— que su hijo adolescente fuma con frecuencia debe mostrarse muy vigilante con el uso del ciclomotor.

La agresividad, exacerbada por el alcohol, es muy rara con el cannabis: el fumador de chocolate se deja caer en un sofá; a veces puede tener relaciones sexuales sin preservativo, pero no se pone a dar puñetazos en la calle.

• **A medio plazo, el cannabis altera las capacidades de la memoria y la concentración,** cuando el joven fuma con mucha frecuencia, incluso fuera de los momentos de consumo. Es lo que se denomina *síndrome amotivacional*. El adolescente acaba encontrando su vida sosa y sin interés. El cannabis activa la liberación de dopamina en su cerebro, en particular en las zonas que participan en el llamado *circuito de la recompensa*, donde se sitúan las sensaciones de placer. Bajo la influencia del THC, el fumador empedernido ya no necesita otras satisfacciones, ya nada lo atrae. En el ámbito social, se repliega sobre sí mismo; sólo se interesa por los amigos con los que fuma, y la escuela le asquea. El fracaso escolar relacionado con la alteración de la memoria y el desinterés del joven por su propio futuro es uno de los efectos secundarios del cannabis más subestimado hoy en día.

• **El cannabis no provoca dependencia física inmediata,** a diferencia del alcohol, el tabaco y los

25

opiáceos (heroína, cocaína, crack). Ingerido, parece ser que el THC resulta bastante nocivo para el hígado. Pero, desde un punto de vista global, no ocasiona ese decaimiento que se observa con los opiáceos o el alcohol: adelgazamiento patológico, disfunciones fisiológicas (corazón, hígado, riñón...).

• **A largo plazo, algunas sustancias presentes de forma natural en el cannabis pueden ser cancerígenas.** Puede empezarse ya a temer las repercusiones cancerígenas —bien establecidas, en este caso— del tabaco que sirve para liar los porros, aún más porque los fumadores de canutos inhalan profundamente el humo. Por otra parte, recientes estudios han demostrado que el cannabis puede incluso ser más nocivo para la salud que el cigarrillo; es posible que resulte más peligroso de lo que ha querido creerse hasta ahora. Habrá que seguir los resultados de cerca...

¿Y desde el punto de vista mental?

⇨ **Dependencia**
Cuando la necesidad de cannabis se ha vuelto diaria, cuando esta sustancia es imprescindible para

dormir o sentirse mejor, puede decirse que se ha establecido una dependencia. En la mente del fumador se crea lo que en términos psicológicos se denomina un *centrado* en el producto, el cual se convierte en un punto de referencia único para el fumador dependiente: ¿cuándo podrá fumarse el próximo?; ¿cómo proveerse de las próximas piedras? Todos sus pensamientos se organizan en torno al cannabis. Si se añade a este mecanismo una necesidad urgente de fumar para no sentirse mal cuando se atenúe el efecto del anterior canuto... puede hablarse de cannabismo, es decir, de un consumo «duro» del cannabis.

Todo ello nos lleva a una observación importante: la tradicional separación entre drogas llamadas «duras» y las «blandas» no tiene sentido. Más allá del producto, es el uso que el joven hace de él lo que resulta más o menos problemático: ¿un porro de vez en cuando?, ¿un paquete de tabaco al día?, ¿un par de *whiskies* todas las noches?, ¿una pastilla de éxtasis una vez a la semana? Hay que tener en cuenta tanto los perfiles de consumo como las sustancias. El hecho de limitarse a llevar a cabo una jerarquización de los productos psicoactivos representa un enfoque estéril desde el punto de vista médico. En cuanto al ámbito político, este punto de vista ha sofocado cualquier reflexión pragmática en el transcurso de los últimos treinta años. Durante este tiempo, el cannabis se ha instalado con toda tranquilidad en los centros de enseñanza secundaria.

Al margen de toda polémica, es obligado constatar que existe un riesgo real de dependencia del cannabis: el cannabismo. No obstante, cualquier comparación con la dependencia respecto a la heroína resulta absurda: en efecto, la heroína es capaz de provocar dependencia en muy poco tiempo; en cambio, en el caso del cannabis, la cantidad y la antigüedad de este hábito parecen tener menos importancia que la personalidad del fumador o que los acontecimientos que pueden desestabilizarle y fomentar su necesidad de fumar costo.

Dado que la adolescencia es a menudo un momento de vida caótico, los adolescentes fumadores están más expuestos a la dependencia del cannabis que los adultos jóvenes, sobre todo si comienzan a una edad temprana, es decir, antes de los quince años. Ahora bien, hoy en día ese es el promedio de edad de la primera experiencia. Como los promedios son lo que son, eso significa que muchos adolescentes han empezado antes: un dato alarmante.

⇨ **Escalada**

La escalada hacia productos como la heroína o la cocaína resulta excepcional.

Si bien es cierto que todos los heroinómanos han consumido o siguen consumiendo cannabis, este no es, sin embargo, el origen de la toxicomanía de los opiáceos. Solamente la acompaña, eso es todo. Recordemos un ejemplo muy conocido: todos los ganadores de la primitiva juegan, ¡pero no todos se llevan el bote del premio! Dicho de otro modo, todos los heroinómanos consumen cannabis, pero no a la inversa.

Con el consumo de cannabis, la escalada que hay que temer es la que afecta a las cantidades de producto, lo que acaba desembocando en el cannabismo, la dependencia mental que hemos comentado más arriba.

Por otra parte, el cannabis puede llevar también al tabaquismo, sobre todo porque es más fácil dejar el chocolate que el cigarrillo convencional.

Por último, el consumo de cannabis en las fiestas favorece también —en algunos— la absorción del alcohol; y en particular en las fiestas tecno, el fumador de cannabis se siente más tentado por el éxtasis que puedan ofrecerle.

Cannabis y enfermedades mentales

⇨ Depresión

Como hemos visto, numerosos fumadores jóvenes de cannabis sufren trastornos depresivos. Utilizan el cannabis con fines autoterapéuticos, como un medicamento, para aliviar su tristeza y su melancolía, o para conciliar el sueño.

⇨ Psicosis y, en particular, esquizofrenia

Los especialistas siguen debatiendo la cuestión: ¿el cannabis es un factor desencadenante?; ¿cabe pensar que algunos jóvenes no habrían caído en la enfermedad si no hubiesen probado esta sustancia? No se ha demostrado nada, aunque parece ser que, efectivamente, el consumo de cannabis acelera el desencadenamiento de este trastorno mental. También es cierto que los jóvenes esquizofrénicos fuman en mayor número que el promedio de adolescentes, seguramente porque el THC les permite calmar las primeras manifestaciones ansiosas de la enfermedad, lo que no significa, por supuesto, que el cannabis sea un medicamento contra la esquizofrenia: ¡lejos de eso!

En realidad las causas de la esquizofrenia todavía son poco conocidas y sin duda son múltiples (causas genéticas o ambientales). Por ello, resulta tan vano querer designar al cannabis único culpable como querer eximirlo.

En concreto, más allá de todas estas consideraciones, que pueden evolucionar o ser relativizadas por futuros estudios científicos, las familias deben tener en cuenta sobre todo dos aspectos esenciales: no, el cannabis no vuelve loco a nadie; sí, un joven que presenta accesos delirantes bajo el efecto del hachís debe consultar a un psiquiatra sin demora.

Lo esencial

Hoy en día, el cannabis forma parte del universo de los adolescentes y los adultos jóvenes, y los padres deben tenerlo en cuenta en su actitud.

El cannabis es una sustancia psicoactiva, al igual que las demás drogas ilegales, pero también como el alcohol y el tabaco, que son legales. Por lo tanto, el concepto de droga suave no tiene ninguna utilidad; sólo debe considerarse la forma de consumo.

La dependencia física es mínima, pero el riesgo es una adicción psíquica y una falta de motivación crónica que perturban toda la vida del adolescente.

Es obligado establecer la diferencia entre experimentación, bajo consumo, uso autoterapéutico y toxicomanía.

Capítulo 2

¿Por qué fuman?

El cannabis es un producto «simpático» objeto de un discurso ambiguo en la sociedad y en las familias. Como sustancia proscrita que permite transgredir las prohibiciones o enfrentarse a los padres, y objeto compartido en un ambiente amistoso entre adolescentes, el cannabis lo tiene todo para gustar a los jóvenes.

Un fenómeno social y un producto «simpático»

¿Cuál es la imagen del fumador de porros hoy en día? Ya no es el melenudo un tanto bobo de los años setenta, ni el rasta al estilo Bob Marley de los ochenta. Un vistazo rápido a la televisión o al cine muestra que las representaciones del fumador de cannabis son bastante positivas: jóvenes ejecutivos dinámicos en pleno éxito social que se líen un *peta* para relajarse (sus padres fumaban un habano), adolescentes desenvueltos que provocan con graciosa insolencia a las autoridades... Definitivamente, el fumador se sitúa entre los personajes simpáticos y «enrollados» que saben disfrutar de la vida. Subrayemos de paso una hipocresía que no engaña a los jóvenes: las autoridades no caen en el ridículo de perseguir a un productor de cine por «incitación» o «presentación del consumo de un estupefaciente desde un punto de vista favorable», pero envían a policías con perro sabueso a las aulas...

¿Cómo explicar que las representaciones del fumador sean tan positivas? Aventuremos algunas hipótesis. En primer lugar, los discursos dominantes mediáticos y culturales son elaborados por una generación de cuarentones y cincuentones más bien burgueses que han conservado la nostalgia por sus años jóvenes de fumetas contestatarios. Si no reniegan de sí mismos, les resulta difícil satanizar un producto por el que conservan cierta ternura, sobre todo si no desdeñan fumarse aún un porrito de vez en cuando... (véase el capítulo 7).

Además, los valores adolescentes han invadido los discursos comerciales. Un producto consumido por el 50 % de los adolescentes es por fuerza rentable desde el punto de vista del *marketing*. Por ello, no es raro que la publicidad aproveche los códigos y los símbolos del cannabis para vender yogures o prendas de vestir. Así, nos proponen «colocarnos» con los *petit-suisses* o nos ofrecen un buen «viaje» con un videojuego...

El cannabis es objeto de un doble discurso social y familiar: se trata de una sustancia prohibida, pero se encuentra en cualquier esquina; es peligrosa, pero toda la familia se ríe de buena gana cuando el canuto sirve de recurso cómico en el cine o en la televisión.

Otra contradicción: los padres piden a su hijo adolescente que no fume cannabis pero ellos mismos son esclavos de sus cigarrillos...

⇨ **Sonreír y... descifrar**
Ante la valoración cultural del cannabis, los padres tienen que hallar un discurso coherente sobre el cannabis, dentro de nuestra sociedad, sin transformar el canuto en tema tabú, ya que se harían eco de la hipocresía ambiental con el riesgo de agravar los deseos de transgresión. Deben seguir riéndose de todo con sus hijos adolescentes, incluso del canna-

bis, pero no de cualquier forma. Basta pensar, por ejemplo, en destacar que se ríen de la broma sobre el costo, pero también de lo ridículo de los personajes atontados por el canuto. Un ridículo que, por otra parte, los autores cómicos pocas veces dejan de subrayar. El intercambio entre padres y adolescentes a partir de las representaciones del cannabis en la televisión, y en general acerca del conjunto de las imágenes presentadas por los medios de comunicación, es un auténtico acto educativo. Se invita al adolescente a descifrar la sociedad, a no ser ni fácil de engañar ni pasivo frente a los mensajes de todo tipo que se dirigen a él (a todos nosotros). En definitiva, se le invita a criticar la sociedad en lugar de transgredir sus prohibiciones.

⇨ **El cannabis, ¿en armonía con la adolescencia?**
Los adolescentes entran en este tipo de contradicciones. Como son muy sensibles a la mentira, rápidamente encuentran en la hipocresía que les rodea una justificación para sus deseos de infringir las reglas.

La prohibición relativa al cannabis se ve ridiculizada con tanta frecuencia en nuestro universo cultural que el adolescente se deleita fumando con objeto de burlarse también él del mundo entero.

En definitiva, el canuto le permite dinamitar una sociedad cuya hipocresía le repugna. Por consiguiente, el cannabis posee todo lo necesario para agradarle.

Fumar es transgredir, desafiar a la sociedad

Al tiempo que su cuerpo se transforma y su perímetro social se amplía, el adolescente se descubre capacidades inéditas: iniciativa, seducción, fuerza... Como es natural, intenta averiguar hasta dónde puede llegar. Un adolescente que no se atreve a doblar la esquina y que permanece en caminos trillados se adentra ya en una vía estrecha. El niño se ha conformado con el universo ofrecido por sus padres, pero el adolescente debe salir a descubrir el mundo. Cuando se les pregunta por sus motivaciones, con ocasión de diversas encuestas públicas de salud, los adolescentes responden: «Lo hago para ver de qué va» o «para tener una experiencia». Y ese deseo de *ver* que, en principio, atestigua una buena salud mental les lleva, como es lógico, a mirar más allá de los límites. Esta curiosidad asociada con la emoción del peligro, una sensación nueva, es uno de los principales resortes de la transgresión durante la adolescencia.

En su conquista de diversiones, ideas y sensaciones, el adolescente prueba de paso lo que está o no autorizado a hacer: alcohol, cigarrillos, hachís... Todo lo que la sociedad prohíbe a los niños y reserva a los adultos le atrae de modo particular, a él, que se sitúa entre ambas categorías.

⇨ Transgresión valorada

A los jóvenes se les ofrecen diversas vías de transgresión: el absentismo escolar, el robo en el supermercado, los riesgos físicos, el sexo... Pero la mayoría de los adolescentes no son idiotas y evitan perjudicarse de modo demasiado grave.

Así, el hecho de ser expulsados del instituto, acabar en comisaría o hacerse daño no les atrae mucho. ¿Y el sexo? En realidad, hoy en día ya no es ninguna transgresión... En cambio, el cannabis —y el alcohol— les ofrece perspectivas más interesantes. Estas sustancias no son demasiado peligrosas, al menos eso creen ellos, pero resultan lo bastante inquietantes para que los adolescentes, convencidos de controlar su consumo, puedan obtener una sensación de poder.

Muchos padres satanizan el cannabis en exceso. Su discurso deja traslucir tanta ansiedad que el adolescente no resiste el deseo de dar cuerpo a sus temores.

Además, los padres que confunden cannabis y heroína indican, de forma indirecta, que son de los que pasaron del canuto, aunque tuvieron veinte años en los ochenta. Qué tentador resulta entonces probar un producto que tu propio padre nunca ha tocado y obtener así un innegable sentimiento de superioridad...

⇨ **¿Y después?**

Tras las primeras pruebas «para ver», la mayoría de los adolescentes se conforman con una sensación borrosa y una pequeña satisfacción personal («¡Lo he hecho»!) que les basta. Un buen número de ellos se quedan ahí y abandonan sus experiencias de fumeta en pocos meses.

De todas formas, esos pocos meses son un periodo de riesgo y los padres deben mantenerse atentos. En ese momento, todo lo que estimula la necesidad de transgresión y las ganas de fumar puede empujar al joven a aumentar poco a poco su consumo: una hipersensibilidad a los discursos ambiguos sobre el hachís, un agravamiento del malestar propio de esa edad, problemas personales... Entre estos, cabe citar las tensiones familiares, las dificultades escolares y la muerte de parientes o amigos, sin olvidar tampoco las respuestas inadecuadas de los padres cuando descubren que el adolescente ha consumido cannabis: represión excesiva o, al contrario, complicidad pasiva que le hace pensar que no se interesan por él.

El adolescente tiene que saber que su transgresión —que le ha exigido cierto valor, del que se siente orgulloso— ha sido detectada.

La reprimenda se convierte entonces una especie de diploma de reconocimiento («Mi madre me ha visto fumar un canuto. ¡Ni te cuento la bronca que me ha echado!») del que se presume ante los compañeros. El acto ha tenido sus correspondientes efectos, y eso es lo que buscaba. En este contexto, tampoco hay que temer la escalada hacia otras drogas, sino más bien el deslizamiento hacia el aumento de las cantidades o la delincuencia, en particular el tráfico. Conviene saber que la reventa de cannabis es una transgresión rentable que le permite a un adolescente ganar unos centenares de euros con poco esfuerzo.

⇨ **Del lado de la ley**

Tal como explicamos en el capítulo 1, la legislación española es una de las más permisivas de toda Europa: reprime el tráfico, pero permite el consumo en lugares privados (en casa). A diferencia de otros países, en España no siempre se califica de delito la posesión de cannabis.

Así pues, el estatuto del cannabis en nuestro país no facilita la vida a los padres que tratan de tener un discurso coherente. Además, las historias de multas y vigilancia que circulan entre los amigos y en los institutos suponen un reto para los adolescentes. Sin embargo, es necesario que los padres se mantengan en su prohibición: como padres responsables que son y por la prohibición social de la sustancia, con las sanciones penales correspondientes a su tráfico y su consumo público.

Destaquemos que la legalización del cannabis no facilitaría forzosamente el trabajo de los padres (con dos drogas legales, el alcohol y el tabaco, ya parece suficiente). Una medida intermedia de despenalización del consumo público con un refuerzo a las sanciones para los vendedores sería algo más realista, pues ello permitiría abolir esta ilegalidad de los jóvenes fumadores que tanto les incita. Será necesario que los políticos asuman una cierta valentía y se arriesguen en este tema.

Fumar es provocar a los padres

El más sensato de los adolescentes siente, en un momento u otro, la necesidad irreprimible de hacer gritar a su padre y a su madre. Aunque se opone a sus padres, el adolescente los necesita y no consigue sobrellevar ambos sentimientos contradictorios. Por lo tanto, de vez en cuando busca el enfrentamiento: demorándose justo lo suficiente para estar seguro de llegar tarde a la mesa, mostrándose insolente con su abuela, «olvidándose» un bocadillo que se pudrirá en su habitación... La mayoría de los jóvenes se limitan a algunas acciones más o menos graves de este tipo, de las que puede formar parte el cannabis. Uno deja a la vista una o dos veces un poco de papel para liar. Otro fuma ya sin esconderse o deja sus piedras de costo a la vista. Otro se lanza a la jardinería en su habitación y tiene la cara dura de pedir que rieguen sus plantas durante las vacaciones... En todo caso, cuando el adolescente trata de hacer reaccionar a sus padres, tiene que conseguirlo.

⇨ **Está la pura y simple provocación...**

El adolescente quiere comprobar que disfruta de la atención de sus padres; los pone a prueba. Por otra parte, si estos no reaccionan la primera vez, quizá vean reaparecer la misma colilla y el mismo paquete de hojas para liar aquí y allá: en la mesilla de noche un día, en el bolsillo del vaquero para lavar una semana más tarde. Cuando le hagan la pregunta que espera, lo negará, protestará con vehemencia, y se sentirá secretamente aliviado de que por fin le hayan puesto límites, asumidos por unos padres que tratan de protegerlo.

Esta exigencia de seguridad resulta frecuente en las familias que defienden una educación liberal o en las que no existe ninguna regla, tanto si se trata de indiferencia como de permisividad. Pero en todos los casos la provocación del adolescente debe conllevar una sanción proporcionada: desde el simple aviso hasta la suspensión de ciertas salidas, por ejemplo. Eso sí, no hay que caer siempre en el tipo de castigo que le infantiliza. Fuma precisamente para tratar de hacerse el adulto; cualquier medida que lo devuelva a la infancia tendrá un efecto reforzador en su deseo de cannabis, y continuará para reafirmar(se) que ha crecido.

⇨ **Están las llamadas de socorro**

Estos signos visibles pueden ser mensajes de socorro lanzados por el adolescente: «Cada vez tengo más necesidad de fumar; retenedme...». A menos que sea ya: «Ya no puedo prescindir de esto; ayudadme», o también: «Soy demasiado desgraciado». Las dificultades familiares también pueden conducir al adolescente a lanzar señales de socorro: «¡Habladme; si no, voy a fumar!».

En estos casos, ya no se trata de una verdadera provocación. Por otra parte, el joven ya ni siquiera es consciente de tener que esconderse: su malestar domina sobre toda prudencia, sobre todo temor a las sanciones... Cuidado, esto no significa que todos los fumadores de cannabis sean suicidas. ¡Lejos de eso! Pero diversos estudios han demostrado que los adolescentes suicidas son también más a menudo fumadores que el promedio. Hay que saber reconocer esta forma de llamada de socorro.

Sea como fuere, se trate de una necesidad de transgresión o de oposición, o de una llamada de socorro, en todos los casos la peor respuesta es la no respuesta. El silencio o la ausencia de reacción se tomará por un acuerdo tácito, y la escalada será inevitable: el joven fumará cada vez más o buscará

otros medios para provocar a los adultos mientras
nadie le responda. El hecho de fingir que no se ve un
paquete de hojas para liar que está por ahí puede
hacerse una vez, pero no dos. Si se multiplican los
«indicios», hay que hablar, llevando la conversación
con flexibilidad y recordando que es él quien ha
querido esta discusión, aunque sea de forma inconsciente: así hallaremos mejor las palabras adecuadas
(véase el capítulo 3).

Fumar como los amigos

En grupo, a una edad en la que se necesita inte-
grarse, ser reconocido por los iguales, el cannabis lo
pone a uno en una situación un tanto difícil: están los
que fuman y los demás, percibidos como críos o
como rajados. El cigarrillo cumplió esta función para
las generaciones anteriores. Además, el cannabis
favorece una forma de amistad para «iniciados». Un
consumo festivo de costo entre amigos tiene sus
pequeños rituales: se corta un trozo de cartón del
paquete de cigarrillos para hacer un pequeño filtro y
luego se pegan dos hojas de papel para liarlas con
la saliva; se extiende tabaco sobre las hojas y luego

se pone por encima marihuana seca o unas chinas de costo desprendidas de una piedra; por último, el porro se cierra de un lengüetazo, como hacían nuestros abuelos cuando liaban «picadura». Siempre hay un adolescente que sabe «liar» mejor que los demás y que obtiene de ello un pequeño prestigio. Por otra parte, es poco frecuente que cada uno tenga su canuto; en general sólo hay un «peta» cada vez que «se pasa» por el círculo de amigos; luego otros dos o tres siguen a lo largo de la velada. Existe así una verdadera camaradería del canuto y resulta difícil para el joven rechazar el porro que le pasan sin sentirse idiota. Por lo tanto, «chupa», aunque sólo sea para sentirse como los demás esa tarde.

Fumar para calmar las dudas

El efecto euforizante del cannabis aporta un alivio inmediato al espíritu del adolescente atormentado por los cambios de la pubertad, sus impulsos sexuales aún insatisfechos, sus dudas interiores. Algunos médicos opinan incluso que el cannabis actúa de forma directa en la bioquímica del cerebro perturbado por las transformaciones hormonales que experimenta el organismo. Ello explica por qué la necesidad de fumar hachís se atenúa claramente con la edad. En efecto, para quienes no han pasado a un estado de dependencia, ya no existe un consumo realmente regular del cannabis a partir de los treinta años, aunque hoy en día se sabe que numerosos adultos fuman con regularidad. Cuidado, esta observación no debe incitar a las familias a la permisividad, como si el gusto por el cannabis se pasara con el acné. ¡Más bien hay que concluir que el periodo de vulnerabilidad de la pubertad abre una ventana a la dependencia y que se impone la vigilancia sobre todo a esta edad!

Lo esencial

El ambiente social es tolerante e incluso complaciente con el cannabis, que sin embargo es un producto ilegal. El adolescente cae en esta contradicción, que simboliza la hipocresía del mundo de los adultos.

El cannabis es un medio perfecto para provocar a los padres o alertarlos sobre un malestar: hay que estar atentos.

¿A qué huele en tu habitación?

Fumar queda bien ante los amigos, y es sabido que cuanta menor seguridad tiene en sí mismo un adolescente más necesita adaptarse a la presión de las compañías.

Como alivia las tensiones normales que acompañan a la pubertad, el cannabis es una sustancia muy apreciada en la adolescencia.

Capítulo 3

¿El nuestro fuma?

Es LA pregunta, la que todos los padres se plantean un día por curiosidad o porque se sienten vagamente inquietos. Algunos indicios pueden poner sobre aviso a las familias; algunos signos deben alertarlas claramente. En todos los casos, hay que hablar con el adolescente.

Si existen dudas...

A menos que unos elementos concretos les hayan puesto sobre aviso, tal vez sean dudas infundadas, ya que saben que muchos adolescentes fuman... o han visto un programa en televisión, La madre de Pablo, de dieciséis años, había encontrado papel para liar en su habitación; la de Jorge, de dieciocho, vio que fumaba para conciliar el sueño cuando lo dejó su novia. Nadia nunca dejó traslucir nada; fumaba en las fiestas y lo dejó cuando abandonó a su novio. En cuanto a Carlos, de dieciocho años, simplemente encontró su primer porro en el bolso de su madre un día que quería birlarle un cigarrillo.

Lo que nos debe poner sobre aviso

⇨ Parece borracho...

«Al volver de una fiesta, Salvador no caminaba derecho, se reía mucho y acabó derrumbándose vestido sobre la cama, pero no olía a alcohol», recuerda su madre. Sin embargo, Salvador estaba borracho.

Como el alcohol, el cannabis afecta al funcionamiento del sistema nervioso hasta el punto de provocar una alteración de la conciencia y un mal control del movimiento.

Por otra parte, esa sensación de flotar, bastante agradable, forma parte de los efectos perseguidos en la ebriedad cannábica. Las percepciones sensoriales (vista, oído) se ven modificadas: los colores pueden parecer más brillantes; los sonidos, más puros, y el tiempo, más lento. Uno se siente alegre, eufórico... Se secan la garganta y la boca. Se tiene sed. Sobreviene también un intenso deseo de azúcar, caramelos, chocolate...

Para un observador externo, la persona que acaba de fumar tiene los ojos enrojecidos, el habla pastosa y torpe, y el equilibrio y la marcha inestables. A continuación viene una irreprimible somnolencia. La ebriedad cannábica se declara en los minutos que siguen al consumo y puede persistir durante algunas horas. Su intensidad varía en función de los individuos y las circunstancias. A veces resulta muy discreta, en particular para los consumidores regulares, aunque evidentemente es más visible después de una gran «fiesta».

Para algunas personas, los efectos no siempre son agradables: el joven puede recogerse en sí mismo en plena crisis de ansiedad, mostrar signos de pánico o sufrir alucinaciones. No hace falta decir que un adolescente que presenta tales síntomas debe visitar a un médico sin demora.

⇨ A veces está raro...

Los padres no son siempre —y más bien raramente— testigos de una crisis aguda de ebriedad cannábica. En cambio, ciertos signos físicos pueden hacerles sospechar un consumo más o menos regular de canutos: los ojos enrojecidos, accesos de somnolencia inexplicables, trastornos del sueño o de la memoria... Todos estos indicios deben alertar.

⇨ **Ha cambiado...**
Ya no le interesa nada. Deja de lado sus actividades preferidas, el deporte o la música; ya no participa en ninguna conversación familiar, cuando siempre le han encantado los grandes debates sobre la política, el sentido de la vida o el estado del mundo.

Ya nada va bien en la escuela, sus notas bajan. También es posible que sus profesores hayan señalado cierta distracción, un desinterés desacostumbrado por sus estudios e incluso ausencias no justificadas en algunas clases.

Reclama sin cesar que se le suba la asignación. Desprecia a sus antiguos amigos, se mantiene al margen del grupo (en clase o en su equipo deportivo). Se pasa horas encerrado solo o siempre con dos o tres amigos exclusivos.

Atención: por separado estos comportamientos no tienen nada de preocupante e incluso son bastante clásicos en la adolescencia. Pero, si se añaden a otros signos, justifican una reacción por parte de los padres.

En primer lugar, cabe destacar que, aparte de todo consumo de cannabis, el recogimiento en sí mismo puede indicar un episodio depresivo que tiene que recibir tratamiento.

A los signos que deben alertar a los padres añadamos uno: la intuición. Si no somos especialmente inquietos por naturaleza, pero sentimos un vago malestar al pensar en nuestro hijo adolescente, confiemos en nuestro instinto y abordemos el problema de forma franca con él en lugar de albergar, con razón o sin ella, un difuso sentimiento de inquietud que puede ser perjudicial para todos (véase el capítulo 4).

¿Por qué hablar de ello?

⇨ Para no perder tiempo

La técnica del avestruz puede pagarse muy cara. Por término medio, el primer encuentro con el alcohol se produce a los trece años; con el tabaco, a los catorce, y con el cannabis, a los quince. Así pues, se considera que un adolescente que empieza a fumar cannabis o a beber con regularidad antes de esas edades, hacia los once o doce años, por ejemplo, está en peligro de forma particular.

Entre el primer porro «para ver» y el establecimiento de un consumo regular —cuando se produce, algo que no les ocurre a todos—, los especialistas calculan que transcurre de un año a dieciocho meses. Un episodio de ebriedad cannábica puede resultar aislado; unos cuantos porros para hacer lo mismo que los demás no conllevan por fuerza una dependencia. Pero los padres no deben esperar a estar seguros del problema para intervenir. El hecho de iniciar el diálogo lo bastante pronto y expresar la desaprobación significa poner un límite preventivo... tanto para el cannabis como para el alcohol y el tabaco. Y si ha dejado por ahí papel para liar a fin de poner a prueba su reacción, no deje pasar esa oportunidad.

Más vale intervenir antes de que la búsqueda de sensaciones, bastante inevitable durante la adolescencia, desemboque en unos hábitos bien anclados.

⇨ **Porque el diálogo es mucho más fácil al principio**
El adolescente que fuma desde hace varios meses no va a dejarse convencer con facilidad de que el cannabis es problemático. Ha adoptado comporta-

mientos de dependencia (cannabis para dormir, para relajarse en grupo...) que son como algunos programas o virus informáticos: más difíciles de «desinstalar» cuanto más precoces son.

No es tanto la dependencia física del cannabis lo que hay que temer (recordemos que es mínima) como la vulgarización del producto en la mente del adolescente, y luego el riesgo de escalada en las cantidades.

Se fumó el primer canuto con el corazón palpitante... Unos meses más tarde, ya acostumbrado, el adolescente se ha vuelto menos receptivo a las palabras de advertencia. Ha tenido tiempo de poner en pie, con sus amigos fumadores, unas teorías y autojustificaciones que a los padres les cuesta desmontar. La más banal es (en tono de compasión): «Mamá, hace dos años que fumo. ¿No te parece que si fuese peligroso ya lo sabría?». Obstinémonos en luchar contra este tipo de razonamiento... ¡No renunciemos!

⇨ **Porque la información debe venir de él**
Salvo por accidente (por ejemplo, descubrimiento de una piedra de costo en los vaqueros puestos con la ropa sucia), debemos averiguar por él los acontecimientos que le afectan. Ya no nos hallamos ante

un niño pequeño, sino ante un adolescente en busca de su identidad y autonomía.

Eso significa, en particular, que no se puede registrar su habitación: desde los doce años de edad, y a veces incluso antes, la habitación del adolescente debe considerarse un espacio privado. No es cuestión de tratar de sorprenderle en flagrante delito de fumeta, aunque «huela raro»; hay que llamar a la puerta y esperar su invitación para entrar. Tampoco es cuestión de organizar un registro con el pretexto de ordenarlo todo. A él le corresponde mantener su habitación día a día, y la gran limpieza semanal debe efectuarse en un momento de la semana acordado de antemano.

Así, si encontramos en esa ocasión elementos que indiquen un consumo de cannabis, sabremos que no es fortuito y que el adolescente desea abordar la cuestión, de forma consciente o inconsciente. El diálogo será mucho más fácil. En cambio, si descubrimos costo sin que él lo sepa, nos encontraremos en un callejón sin salida. La acusación equivale a confesar que hemos cometido un acto inmoral; de entrada, nuestro propio discurso moral sobre el cannabis habrá perdido toda su credibilidad. El hecho de callar significa hundirnos en una relación viciada con el adolescente, puesto que «sabemos» y ya no somos capaces de hablar de ello sin descubrir nuestro espionaje.

Pero hay cosas peores que el registro en su habitación: el recurso a análisis, salivares o de otro tipo, como los que se empiezan a encontrar en Internet. Estos métodos deben excluirse por completo. Desde el punto de vista moral, aunque estemos preocupados, resultan injustificables, y desde el punto de vista práctico, el descubrimiento, por este sistema, de que un joven fuma cannabis significa abocar al fracaso nuestras futuras acciones para disuadirlo.

⇨ **¡Hablar para no obsesionarse!**

Cuidado con situar el cannabis en el centro de todas las conversaciones familiares. No lo convirtamos en una obsesión que pueda desembocar en un acoso del que ni siquiera seamos conscientes. Cuando los padres tienen una fijación con una prohibición, el joven tiene aún más deseos de transgredirla, con una autojustificación perfecta: «Lo único que les interesa a mis padres es saber si he fumado costo». Hablemos porque es preferible expresar simplemente nuestra inquietud que darle vueltas y más vueltas. Pero no volvamos a la carga una y otra vez.

⇨ Y, a veces, saber callar

Tiene diecisiete o dieciocho años y tenemos sospechas. Seguramente fuma de vez en cuando pero por lo demás todo le va bien. Tanto en la escuela como en su vida social, el joven está en forma. Hace planes, se muestra dinámico... En este tipo de casos, hay que saber adoptar una forma de «ceguera inteligente», en cierto modo como para su vida sexual, y aceptar no meterse. El deseo de hablar a toda costa para librarse de la propia angustia es en realidad una forma de intrusión; peor, el hecho de forzar a un adolescente mayor sin problemas a justificarse equivale a agitar un trapo rojo. Este tipo de actitud sólo puede estimular el deseo de fumar. Cuidado, los casos en los que hay que saber callar son muy concretos: se trata del adolescente mayor, del «casi adulto», que por lo demás se siente muy bien y al que consideramos lo bastante responsable para cuidar de sí mismo.

Lo esencial

Los padres deben prestar atención a ciertos signos, como ojos enrojecidos, somnolencia inexplicable, falta de interés escolar, aislamiento...

Hay que hablar del tema lo antes posible y no esperar a estar seguros: nunca es demasiado pronto para
prevenir. Por otro lado, el diálogo siempre es más fácil
al principio.

Atención, la información debe venir de él: prohibido
registrar su habitación a sus espaldas, a riesgo de perder toda credibilidad.

Frente a un adolescente mayor casi adulto, también hay que saber dar pruebas de una «ceguera
inteli-gente».

Capítulo 4

Hablemos

**Primeras conversaciones sobre el tema, primeras
reacciones de los padres: si encontramos el tono
adecuado, podemos facilitar mucho nuestras futuras
charlas con el adolescente acerca del cannabis,
y tal vez inaugurar unas nuevas relaciones...**

Cómo hablar del tema

Así pues, debemos dejar de vacilar y hallar en nuestro
interior el valor para entablar una conversación que
nos asusta un poco. Sentimos que, al abordar el tema,
la relación puede cambiar. ¿Cómo va a interpretar
nuestra pregunta: como una muestra de interés espe-
rada desde hace tiempo o como una forma de inqui-
sición, de «interrogatorio»? A menos que se encoja de
hombros naturalmente ante esta nueva prueba de su
papel de padre o madre sobreprotector...

¿A qué huele en tu habitación?

Para que esta primera conversación desemboque en un diálogo constructivo, es importante prepararla de forma minuciosa meditando sobre las palabras que vamos a emplear, pero también previendo una puesta en escena que le dé peso.

⇨ **Concertar una cita**
Hay un momento para todo. Preguntarle a bocajarro entre la ternera y la fruta si no se «droga» un poquito es arriesgarse a una reacción descontrolada. Hay que evitar de forma absoluta dos situaciones:

• **¿Hemos tenido un mal día? ¿Tenemos preocupaciones? En ese caso, el estrés toma el poder:** estallamos y le lanzamos la pregunta que nos atormenta desde hace semanas. De forma inevitable, nuestro tono y nuestras frases son agresivos y pueden suscitar en el adolescente un terco silencio o una respuesta violenta.

• **¿Sale corriendo hacia el instituto? Es el momento que elegimos para hacer nuestra pregunta de forma precipitada:** «Por cierto, ¿no habrás fumado nunca porros, verdad?». Al desembarazarnos así del problema como quien no quiere la cosa, le concedemos poca importancia y autorizamos al joven a hacer lo mismo. En estas condiciones, le resulta fácil esquivar cualquier respuesta: «¡Claro que no, mamá! ¡Tú alucinas!». Este tipo de enfoque es la mejor forma de enterrar el tema definitivamente y cerrar los ojos.

Para evitar estas dos situaciones, es mejor concertar con él una cita, no demasiado lejana porque no se trata de tenerle en ascuas, sino en un momento bien escogido: un fin de semana o una tarde tranquila.

La elección del lugar también tiene su importancia. Más vale evitar su territorio para llevarle al nuestro, por ejemplo a la sala de estar. Unidad de tiempo, unidad de lugar: ya hemos puesto el decorado de la primera escena. Pero la obra no es una tragedia; sólo se trata de un método un poco solemne para dar peso a las palabras sin alzar la voz. Faltan los actores. Empezamos por los padres.

⇨ **Estar ahí los dos**

Desde un punto de vista educativo, no hace falta subrayar que el consumo de cannabis en el adolescente es un tema más grave que, por ejemplo, el desorden de su habitación. Por lo tanto, lo ideal es que ambos progenitores estén presentes en esta conversación, aunque se encuentren separados o divorciados. Cuidado con la tentación de la «seducción»; uno de los padres puede verse tentado a entablar solo el diálogo con el joven por razones más o menos buenas: «No lo hablemos con tu madre; se preocuparía demasiado»; «No le diré nada a tu padre; te echaría a la calle»... En ese caso, el cannabis se convierte en la base de una complicidad inadecuada entre el padre y el adolescente, una complicidad cuyo mayor riesgo consiste sobre todo en reforzar el vínculo del joven con el cannabis. Por ello, los padres deben preparar juntos este encuentro y acordar una postura común para no enfrentarse delante del adolescente.

Este último punto no siempre resulta evidente: tanto si viven juntos como separados, los padres no comparten forzosamente la misma opinión sobre el cannabis. Es normal, pero es necesario buscar a toda costa un terreno de entendimiento antes de abordar el tema con el joven.

Las divergencias de puntos de vista pueden tener diversas causas. Mamá se preocupa porque Pedro tiene a menudo los ojos enrojecidos, y papá no ve dónde está el problema mientras vaya al fútbol y trabaje en la escuela. Estamos ante una diferencia de temporalidad bastante natural. Lo mejor es tomar conciencia de ella previamente para elevar el diálogo por encima de las fórmulas del tipo «Tú tienes miedo de todo» frente a «A ti todo te da igual», que pueden arrastrarnos hacia una conversación-disputa alejada del tema.

En el fondo, no importa quién tenga razón o no; en este caso se trata sobre todo de hallar una postura común. Desde un punto de vista práctico, puede hacerse una lista de los indicios inquietantes y de las circunstancias tranquilizadoras. Este sencillo método tiene la ventaja de centrar el debate en los hechos y, tal vez, de evitar que los padres entren en ataques personales.

• **El progenitor más inquieto no debe rendirse demasiado pronto.** Tiene que mantener la convicción de que el tema merece ser abordado con el joven. Sepamos escuchar las palabras tranquilizadoras de nuestro cónyuge, pero, si seguimos angustiados, debemos hacer todo lo necesario para convencerle de la legitimidad de nuestra inquietud, si es necesario solicitando el arbitraje de un tercero neutro (médico, amigo de la familia) que pueda ayudarnos a ponernos de acuerdo sobre lo que vamos a decirle al adolescente.

- **El progenitor que se niega a preocuparse también debe tratar de comprender a su cónyuge.** Ya no se trata de saber si el niño puede salir sin gorro en invierno... Aunque estemos convencidos de que nuestro adolescente no fuma o sólo lo hace de vez en cuando, tenemos que entender el temor de nuestro cónyuge (o ex cónyuge) y aceptar al menos apoyarlo en este primer diálogo con el joven. Si los hechos nos dan la razón y no fuma o lo hace muy poco, mejor. Pero si es al contrario, no habremos desperdiciado una ocasión de ayudar a nuestro hijo en un momento en el que lo necesitaba.

En todos los casos, el padre que «no lo cree» o que es fumador a su vez y no ve inconveniente en que su hijo haga lo mismo nunca debe descalificar la aprensión del otro. Nada de observaciones del tipo: «Desde luego, tu madre...» o «Tu padre, la verdad...».

Por último, opiniones divergentes sobre el cannabis pueden ocultar un problema de pareja; hay que pensar en ello en caso de bloqueo. Para evitar que el joven fumador de cannabis pague los platos rotos, en última instancia el progenitor más preocupado deberá resolverse a tomar las riendas de la situación. Para no encontrarse solo frente a su hijo adolescente en esta primera conversación, puede pedir la asistencia de alguien cercano, un tío, un amigo de la familia... Dicho de otro modo, un tercero de buena voluntad que se interese por el joven y a quien este aprecie. Podemos reconocer ante el adolescente que el otro progenitor no desea participar en esa conversación, sin más comentarios. No hay que salirse del tema: esta primera cita debe dedicarse al cannabis, no a los problemas de la pareja formada por los padres. Por otra parte, tal vez esos conflictos no sean ajenos a su necesidad de fumar, pero no es el momento para tratarlos.

Primeras palabras

Si preguntamos: «¿Fumas?», él puede limitarse a responder: «No». El diálogo termina de inmediato y, según nuestro carácter, podemos quedarnos callados o, al contrario, ponernos nerviosos: «¿Me tomas por imbécil?».

También deben evitarse las fórmulas vagas del tipo «Me da la impresión de que...», que son demasiado fáciles de esquivar. Vayamos al grano, sin formular la pregunta de forma directa: «Nos gustaría hablar contigo de tu consumo de cannabis».

Cualquiera que sea la formulación, la idea principal que debe transmitirse desde el primer momento es la inquietud, no el enfado ni el miedo. Una preocupación legítima que se basa en unas razones concretas que enumeraremos. Si él esperaba una pelea, se sentirá desconcertado.

Siempre debemos evitar ponernos nerviosos, por irritante que sea su respuesta. Cuanto más suba el tono, más posibilidades de una discusión válida perderemos. Utilicemos las fórmulas que hayamos preparado: «Niégalo si quieres, pero seamos concretos»; «Lo más importante ahora es saber en qué situación estás...».

Según su respuesta, nuestras reacciones

Los adolescentes son imprevisibles, y vamos a iniciar el diálogo con el nuestro sobre un tema del que tal vez nunca hayamos hablado juntos. Por lo tanto, hay que contemplar todos los casos posibles.

⇨ **Lo niega**
• **Lo niega tranquilamente, se queda atónito y afirma que nos imaginamos cosas. Es posible, pero...**

Nuestra respuesta: le pediremos de todos modos que se explique sobre los puntos concretos que nos han preocupado y alarmado. «Dinos por qué parecías fumado el sábado pasado»; «¿Qué es ese olor que noto con frecuencia en tu habitación?»; «¿Cómo explicas que tus notas hayan bajado desde hace varias semanas?»; «¿Para qué necesitas papel para liar y cigarrillos?»...

- **Niega la evidencia, se pone nervioso y rechaza el diálogo.**

Nuestra respuesta: es inútil intentar a toda costa que reconozca lo que sea. Con calma, expliquémosle que nos mantendremos «vigilantes» y preocupados por su salud. Describámosle las formas de esa vigilancia: no vamos a registrar su habitación, pero no toleraremos que fume bajo nuestro techo. Luego anunciémosle que en el marco de esa «atención particular» vamos a reunirnos con su tutor, su entrenador o cualquier otro adulto que se interese por él. Es evidente que esta acción debe resultar comedida. Por ejemplo, no hace falta pedir una entrevista con el profesor de matemáticas sólo por unos olores sospechosos. Los hechos que hemos observado justifican hablar del tema con el adolescente, pero la vigilancia prometida debe resultar proporcionada a los acontecimientos.

Démosle un plazo; siempre es más creíble, ya que es concreto: «Simplemente voy a seguirte de cerca durante seis meses para quedarme tranquilo. Como no fumas, ¿dónde está el problema?». Por supuesto, habrá que mantener esta promesa y hacerle sentir nuestra vigilancia durante ese periodo.

- **La toma con nosotros: «¡Esto es un interrogatorio!».**
Nuestra respuesta: admitimos en nuestro fuero interno que no le falta razón... Pero en ningún caso debemos reconocérselo. No estamos ahí para hablar de nuestro comportamiento, sino del suyo. Nos está provocando para hacernos cambiar de tema y desplazar el blanco hacia nosotros; no hay que seguirle en ese terreno. Esquivemos la polémica respondiéndole que actuamos en su interés: «Me intereso por tu salud; eso es todo».

⇨ **Persiste en negarlo**
¿En lo demás no tiene problemas? Mantengamos nuestra actitud vigilante. Pero si las personas con las que hemos hablado confirman nuestras dudas, e incluso nos dan noticias preocupantes —dormita en

clase, sus notas bajan, falta a menudo al deporte—, si su tío le encuentra con muy mal aspecto y su mejor amigo de toda la vida dice que lo evita, hay que pasar a la siguiente etapa, es decir, entrevistarse con un profesional, con o sin él.

Una firme intención de pasar por encima de sus negaciones solamente puede resultar beneficiosa. Puede aceptar acompañarnos «para ver de qué va». Por último y sobre todo, puede reconocer que fuma, y así habremos conseguido un principio de entendimiento.

⇨ Lo reconoce... pero lo minimiza

Lo ha admitido en cuanto hemos abordado el tema (y es un signo de que nuestra relación no es mala) o ha acabado reconociendo los hechos al cabo de algún tiempo. Es un gran paso: tomemos nota y agradezcamos su sinceridad, aunque ello no debe impedir que nos mantengamos vigilantes.

Con desgana, el chico reconoce un «canuto» de vez en cuando con los amigos o una calada de hachís para dormir. Minimiza el hecho y eso es normal. Todo el mundo tiende a subestimar su propio consumo: reconocemos que bebemos un vaso de vino en todas las comidas, pero ¿no olvidamos un aperitivo de vez en cuando? Cuando evaluamos nuestros cigarrillos diarios, ¿contamos también los que fumamos en el coche los días de caravana? Por lo tanto, no hay motivo para tratarle de mentiroso.

Pidámosle simplemente que sea honrado consigo mismo y vayamos al grano planteándole las preguntas que le ayudarán a que él mismo calcule su consumo.

Estas primeras respuestas serán esenciales para determinar su perfil de fumador y, a continuación, adoptar la respuesta educativa más adecuada:

«—¿Cuándo fumas?

— Sobre todo por la noche, el sábado, entre las clases...

— ¿A menudo?

— Todos los días, una vez por semana, cuando hay una fiesta...

— ¿Cuánto?

— Unas caladas compartiendo un canuto con los colegas, uno al día, tres más o menos todos los sábados por la noche...

— ¿Para qué?

— Para pasarlo bien, relajarme, no quedarme en un rincón cuando los demás fuman, dormir, olvidar los problemas...».

Errores que debemos evitar

⇨ **Tranquilizarse con demasiada facilidad**

¿Fuma solo en su habitación en lugar de meterse en lugares horribles con sus colegas? ¿No conduce en estado de ebriedad cannábica? Ya es algo, pero no se alegre demasiado pronto.

El consumo solitario de cannabis es siempre inquietante y atestigua cierto malestar. Lo peor es cerrar los ojos y caer de esa forma en una especie de complicidad pasiva.

Más vale decirle que todo este asunto nos preocupa mucho: «No es normal que necesites eso para sentirte bien. ¿Sabes por qué te sientes mal? ¿Aceptarías buscar las causas de ese malestar con alguien, como un médico o un psicólogo? Entre los adultos que conoces, ¿con quién aceptarías hablar de este tema?».

Así indicamos al adolescente nuestro deseo de cambiar la situación. Sin meternos en su mundo psíquico, le dejamos entrever una salida, un alivio, una solución que no se le impondrá sino que podrá manejar junto a nosotros. Así demostramos que aceptamos abrir nuestra relación con él y que no queremos entrar en enfrentamientos.

⇨ **Tomarse las cosas a la ligera**

A veces fuma con sus colegas. ¡Vaya tontería! Al fin y al cabo, nosotros hacíamos lo mismo. O en nuestra época se llevaba la cerveza. La juventud es así; ya pasará...

Antes de encogernos de hombros demasiado pronto, tratemos de averiguar más: ¿con los amigos?; ¿un canuto compartido tres sábados al mes o tres canutos por semana? En efecto, en el primer caso —y mientras la cosa se quede ahí— no hay motivo para asustarse; en el segundo, el consumo festivo puede desembocar fácilmente en uso regular. Por último, se plantea también la cuestión de la embriaguez en moto, al volante... ¿Quién conduce? ¿Quién fuma?

En definitiva, todo es cuestión de dosis, pero su reacción debe ir de «un poco preocupado» a «bastante inquieto», e incluso «muy descontento», por ejemplo si conduce después de fumar.

⇨ **Encolerizarse**

Como hemos visto, es lo peor que puede hacerse. Ya habrá podido observarse que, de la preparación de esta primera conversación a su conclusión, hemos hecho todo lo posible por evitar el choque frontal y abrir vías de diálogo. Entre otras cosas, hay que atenuar al máximo el efecto de «confrontación». En todo consumidor de sustancias (alcohol, drogas en general e incluso tabaco), los psicólogos conocen bien el mecanismo reforzador de la confrontación. Los fumadores de tabaco, aun los que desean dejarlo, lo experimentan con frecuencia: basta que les digan que lo dejen para que sientan de inmediato el deseo de encender un cigarrillo.

Para el padre atrapado en el sentimiento de impotencia, la cólera o la impresión de ser rechazado por el hijo, esta primera conversación es una partitura difícil que debe interpretarse con calma, sobre todo si el joven se bloquea en la negación. Para no cortar todo vínculo con él, debemos mantenernos abiertos, no tratar de acusarle ni de culpabilizarle, aunque sin caer en el error de restarle importancia al asunto...

Es difícil, desde luego.

¿Teníamos algún genero de duda? En una situación ideal, al final de haber establecido esta primera conversación obtendremos una respuesta. Pero más allá de la confesión propiamente dicha, que no debería ser un objetivo en sí, tal vez le hayamos permitido tomar conciencia de su auténtico problema.

Lo esencial

Al entablar un diálogo con nuestro adolescente, evitaremos la cólera, la agresividad y las amenazas. Tampoco nos conformaremos con una negación que nos vaya bien...

El objetivo no es tanto la «confesión» como que el adolescente tome conciencia de su consumo. Eso nos permitirá aplicar las medidas educativas más adecuadas.

Para preparar bien la conversación es mejor anticiparse a sus posibles reacciones: negación, minimización...

Es imprescindible que ambos progenitores muestren un discurso coherente y hablen juntos con su hijo adolescente, aunque estén separados.

Capítulo 5

Actuemos

Ya sabemos que nuestro hijo fuma; poco o mucho, ya no tenemos dudas. Ahora es necesario adoptar la actitud más conveniente y buscar una estrategia adecuada para su perfil de fumador. El objetivo es ayudarlo a salir de esa trampa.

Tiene menos de quince años

No cabe duda de que a esta edad el consumo de cannabis, aunque resulte ocasional, no puede aceptarse en ningún caso. Para los padres, la única actitud responsable consiste en la pura y simple prohibición. Nos estamos jugando la salud del joven, su desarrollo cerebral y su futuro en general. Una adicción que se inicia antes de los quince años tiene graves consecuencias y es difícil de combatir. Por otra parte, predispone al adolescente a sufrir futuras dependencias (del tabaco, del alcohol, de los psi-cotrópicos, etc.), puesto que modifica su funciona-miento cerebral y, desde un punto de vista psicoló-gico, lo acostumbra a encontrar placer o alivio en unas sustancias determinadas y no en los recursos personales de que dispone.

¿Cómo decirlo? Directamente, sin dar rodeos: «Te prohíbo fumar»; «No quiero que fumes». Lo que que-remos proteger es su salud y no debemos dudar en decirlo sin entrar en largas explicaciones (salvo que nos las pida) sobre la neurobiología y el cannabis: no tiene que dar la impresión de que nos justificamos. Expresemos nuestra prohibición y seamos claros acerca de nuestra intención de seguir este asunto durante todo el tiempo que haga falta.

⇨ **¿Cómo lograr que respete la prohibición? Toda la dificultad está ahí...**

• **Hacerle sentir nuestra presencia.** No es cuestión de vigilarle de forma permanente, seguirle o invadir su ámbito privado (por ejemplo, continuaremos lla-mando antes de entrar en su habitación), sino que se trata de demostrar nuestro interés, sin ponernos demasiado pesados, pero manteniéndolo a largo plazo, y en particular velando por su asistencia a la escuela.

• **Distraerle del cannabis; atraerle hacia la relación con los demás.** Invitémosle a escoger actividades que le interesen: el club de boxeo, unas clases de batería... Añadamos a estas distracciones (en ambos sentidos del término *distraer*: divertir y alejar) unas «atracciones» sociales, para «atraerle» hacia los demás: abramos nuestra casa y recibamos a sus amigos para cenar pizzas delante de un partido de fútbol. Favorezcamos todo lo que fomente su apertura a los demás para que no limite sus relaciones a dos o tres amigos íntimos, quizá también fumadores de cannabis. No nos equivoquemos: no se trata de consolarle, darle las gracias o comprarle para que abandone el cannabis. Estas «distracciones» tienen la finalidad de hacerle descubrir o recuperar placeres cotidianos. Si le prestamos atención, podremos averiguar lo que le gusta, y devolverle cierta alegría de vivir y unos deseos más luminosos que el cannabis y sus satisfacciones inmediatas.

• **Imponernos si es necesario.** Debemos prestar atención a los signos de alerta: ojos enrojecidos, ataques de somnolencia inexplicables... Y no podemos dejarlos pasar sin reaccionar. En caso de «incumplimiento del contrato», expresemos nuestra decepción y tomemos medidas de represalia. Podemos reducir el número o la duración de las salidas (sin suprimirlas por completo para no aislarle); aplazar hasta Navidad u otro momento la compra de la moto o de la consola... Siempre hay que determinar unos plazos fijos: un semestre está bien a esta edad puesto que el adolescente tiene días suficientes para recuperarse sin que el tiempo le parezca desesperadamente largo, y pensará que vale la pena intentarlo. Una vez más, la amenaza de castigo no tiene que convertirse de forma insidiosa en una operación de seducción: «Hazlo para complacerme, cariño», o degenerar en el chantaje: «Deja de fumar y tendrás una moto en seis meses». Le pedimos al joven que cumpla un contrato moral que incluye penalizaciones en caso de incumplimiento del compromiso. Y somos nosotros quienes fijamos los términos del contrato y las sanciones basándonos en unos objetivos realistas: «En febrero, tu nota media tiene que subir de 4 a 5»; «Mientras tanto, no más de una salida por semana después de las 7 de la tarde».

Tiene más de quince o dieciséis años: todo depende de su consumo

⇨ **Ha reconocido que fuma una o dos veces al mes**
Fuma de vez en cuando, como máximo todos los sábados, pero nunca en la escuela, ni solo en su habitación. Se trata de un consumo festivo. Lo ideal es que prescinda de ello o al menos que la cosa no pase de ahí.

Deben evitarse dos escollos: una cólera despro-porcionada («Vas a acabar siendo un drogadicto») o un alivio apresurado («Bueno, la cosa no es dema-siado grave...»).

Ya le hemos dicho que no nos gusta que fume. El adolescente conoce nuestro punto de vista y sabe que nos conformamos con la situación de mala gana. Anunciémosle también que vamos a estar muy atentos a sus compañías y a sus resultados esco-lares. Por nuestra parte, pensemos en términos de prevención. En caso de depre, ruptura sentimental o malestar, el adolescente que ya ha fumado un poco puede tener la tentación de aumentar su consumo para consolarse. Adelantémonos previendo otras boyas de salvamento si su moral flota a la deriva. Reflexionemos sobre su vida cotidiana: ¿no resulta un tanto monótona entre el instituto y el transporte escolar? Ampliemos su horizonte proponiéndole unas actividades que puedan ofrecerle una distracción en caso de que sufra un duro golpe. Por último, hagámosle sentir el calor del cariño familiar, organicemos una vez al mes momentos colectivos de placer: salidas al restaurante todos juntos, conciertos, tardes en el estadio de fútbol con su padre...

⇨ **Fuma solo, fuma mucho, fuma a menudo**
Su consumo es regular, tal vez incluso autoterapéutico: un porro contra la depre, contra la ansiedad, para dormir... Tiene una gran necesidad de nuestra ayuda. Ante todo, debemos ser conscientes de que la situación sólo evolucionará si la propia familia evoluciona en torno al adolescente. Vamos a pedirle que modifique su forma de vivir y se dirija hacia el abandono del cannabis. Los cambios que se le piden al joven tienen que pagarse con cambios por parte de los padres: en términos de mutua comunicación, pero sobre todo de tiempo pasado juntos. ¿Ya no queremos que se pase el tiempo libre fumando en su habitación? Tendremos que revisar nuestra propia agenda, sacrificar algunos fines de semana en el campo, algunas jornadas laborales demasiado lar-

gas en la oficina... Al ir así hacia él podremos devolverle peso a nuestra palabra; estará más dispuesto a creernos cuando le expresemos nuestra inquietud y aceptará un poco mejor nuestras prohibiciones...

⇨ **Con el gran fumador de hachís, hay que actuar en dos frentes**

• **Establecer un límite previo e insoslayable:** la prohibición terminante de fumar en la habitación. Si fuma mucho, debemos saber que no podrá respetar este veto enseguida. Seamos inflexibles acerca de su cuarto pero cerremos los ojos si va al balcón, al sótano o al jardín... Esa es la primera etapa; hay que trazar las líneas. A continuación se subrayarán de forma regular, durante meses si es necesario. Esta presión continua le ayudará a estabilizar e incluso reducir su consumo.

• **Invitarle a visitar a un profesional.** Cuando el adolescente es fumador regular de hachís y lo necesita para sentirse bien o para dormir, hay que pedir a toda costa la ayuda de los especialistas. Intervienen en calidad de terceros entre el adolescente que sufre y sus padres desamparados, y también como especialistas, ya que el tratamiento de la adicción es un asunto complicado que requiere cierta experiencia con las dependencias y con la psicología de los adolescentes (véase el capítulo 8).

Lucha contra la escalada

A fuerza de evocar el fantasma de la escalada hacia la heroína, hace tiempo que se ha perdido de vista otro riesgo: el paso del porro ocasional a la adicción al cannabis. El *cannabismo*, neologismo que se impone también por las estadísticas, es una realidad cotidiana. Afecta a los que reconocen que tienen dificultades para prescindir del cannabis durante un día entero. La escalada comienza cuando el canuto se convierte en una respuesta a todos los problemas del adolescente, cuando fuma para borrarlos, para olvidarlos. Pero el sufrimiento anestesiado por el porro regresa tal cual unas horas más tarde. Se le añade un acceso de melancolía, de depre, ligado a la desaparición del efecto euforizante del cannabis. El joven enciende entonces un segundo canuto cuando ya no siente el efecto del primero: es el camino de la dependencia del cannabis.

⇨ **Concienciarle de la situación**

• **Pronunciando las palabras:** «Yo tengo la impresión de que estás atrapado en una escalada»; «Me parece que estás en una situación de dependencia».

• **Invitándole a una pequeña prueba personal:** «Intenta prescindir del cannabis durante una semana y verás si consigues no pensar en él». El adolescente no debe ver en ello un desafío, pues se obtendrá el resultado inverso. En efecto, incluso un gran fumador es plenamente capaz de dejarlo durante una semana y luego negarse a reconocer que ha echado de menos la sustancia. El desafío se volverá entonces en nuestra contra: «¿Lo ves? ¡Lo consigo perfectamente! No tengo ningún problema, déjame tranquilo». La prueba, en cambio, le invita a una reflexión personal: a ser sincero consigo mismo, a no mentirse. ¿Te ha apetecido? ¿Ha sido difícil en ciertos momentos, para dormir o quitarte el estrés, no pensar demasiado en él? No le pedimos las respuestas (puede guardárselas para él), pero así se da cuenta de que su necesidad de cannabis es problemática.

Este periodo debe permitirle tomar conciencia de su nivel de libertad: su capacidad para decir basta, para rehusar el segundo porro, para no fumar en ciertos lugares o antes de las clases, para no servirse una copa de alcohol después del canuto, para observar periodos de abstinencia. Destaquemos que esta invitación a evaluarse no se refiere sólo a los fumadores dependientes; hay que proponérsela con regularidad a todo adolescente que fume de vez en cuando para que sienta deseos de seguir controlando su consumo y para darle los medios necesarios para afrontar la tentación de la escalada. Es propio de la adolescencia querer rechazar las obligaciones. En el mejor de los casos, un adolescente que se da cuenta de que su consumo de cannabis es más una imposición que una muestra de libertad («¡Lo dejo cuando quiero!», dicen...) estará más atento a su propio consumo. Y, si ya es dependiente, tal vez se muestre más receptivo a las acciones para desengancharle, unas acciones insoslayables. Si es dependiente —tanto si lo admite como si no—, hay que tratarlo.

Tratamiento de su dolor

Ansiedad, depresión, trastornos mentales... Es imprescindible un tratamiento médico para que deje el cannabis. Su sufrimiento y las causas de este deben identificarse para tratarse, y eso es trabajo de especialistas. Aunque hayamos consultado en primera instancia al médico de familia o al pediatra, ahora ha llegado el momento de pedir cita con un psiquiatra infantil, un psiquiatra o un médico especialista en los trastornos de la adolescencia.

La terapia pasa por un importante acompañamiento psicoterapéutico, pero también por la toma de medicamentos. A menudo resulta útil prescribirle al adolescente unos antidepresivos que le permitan dejar su automedicación personal a base de porros. Cabe destacar que la prescripción de antidepresivos, bastante delicada en los adolescentes (y por otra parte desaconsejable en medicina general), debe ser efectuada por un especialista, con un seguimiento muy atento.

⇨ **Ayudarle a resolver sus conflictos interiores**

Es bien sabido desde el romántico siglo XIX que el pesimismo es una postura que se cultiva con deleite en la adolescencia. Esquematizando, puede decirse que el adolescente ya no es lo bastante niño para creer que de mayor será mago o astronauta, y tampoco aún lo bastante adulto para hallar unos objetivos al tiempo realistas y seductores. El hachís permite prolongar un poco el tiempo de los sueños infantiles, cuando todo parecía posible. Además, a menudo el joven está atrapado en unos conflictos internos que no consigue resolver: inseguridades acerca de sus propios deseos que fluctúan diariamente, acerca de su orientación sexual tal vez... Así, puede desear sinceramente aprobar la selectividad para poder tener su libertad y a la vez sentirse incapaz de realizar el esfuerzo necesario, porque en el fondo teme abandonar la casa. El hecho de fumar porros lo resuelve todo: le evita tener que elegir.

Desde este punto de vista, la lucha contra el cannabis pasa por una psicoterapia destinada a restituirle capacidad de decisión, a devolverle las llaves de su futuro.

⇨ Cambio de vida radical

A menudo el cambio de vida va de la mano de un seguimiento médico. Es incluso el último recurso en caso de rechazo de tratamiento en el adolescente gran consumidor. Pero, esta vez, ya no basta con apuntarle al fútbol; el adolescente fumador debe cambiar de horizonte. La decisión es cosa de los padres y no se discute. Hay que alejarle de sus «proveedores», apartarle del grupo de amigos que se ha estructurado en torno al porro y a sus rituales. Lo que se negocia con él son las modalidades: ¿a casa de tu abuela?, ¿de tu madrina? El alejamiento debe acompañarse de un tratamiento médico: no se trata de desplazar el problema (por ejemplo, enviarle interno a un colegio de Inglaterra, sin seguimiento terapéutico), sino de hacerse cargo de él. Si no disponemos de una solución familiar o amistosa adecuada, pensemos en los internados terapéuticos que ofrecen algunos hospitales o en ciertos hogares asociativos (véase el capítulo 8).

Situaciones especiales

⇨ Madre sola con hijo adolescente

Está sola porque está divorciada o es soltera. O, también, está sola porque el padre está ahí sin estar y le concede poco interés al niño que se ha convertido en adolescente. En el fondo, no importa. Lo que la caracteriza sobre todo es haber vivido sola de forma permanente con el joven, a veces hasta el punto de haber sacrificado muchas cosas por él. Su universo está limitado por la preocupación por «su niño».

¿A qué huele en tu habitación?

Ahora tiene quince años, y ella no se resigna a verlo crecer. Comprueba sus horarios y sus compañías, entra en su habitación sin llamar. Él dice que su madre le «tiene negro».

Para conservar una ilusión de control, algunas de estas madres se vuelven esclavas de los caprichos del joven, para «cuidarle bien», por supuesto, y para conservarle mejor también... Todos hemos conocido a esas mujeres que se levantan de la cama a medianoche para hacer la cena de su hijo, ya mayor, que por fin se ha decidido a volver. Se convierten en esclavas de los deseos y los caprichos del adolescente, y acaban regando sus plantas de cannabis durante las vacaciones.

No cabe duda de que este retrato es bastante esquemático, y las mujeres que crían a un adolescente solas o con un padre poco presente están lejos de parecerse en su totalidad a este modelo. Pero, sin llegar a regar las plantas, muchas mamás complacientes en exceso y adolescentes demasiado mimados se hallan encerrados en este círculo vicioso.

Entonces el cannabis aporta sus verdaderas-falsas respuestas. Puede decirse que el adolescente fuma para disolver el pensamiento de esa mamá omnipresente de la que necesita desprenderse sin dejar de necesitarla, pues es su único progenitor de referencia. Cree desafiarla al fumar, pero la obliga así a seguir ocupándose de él. Piensa que se aleja como un adulto pero se las arregla para mantenerse en el centro de sus preocupaciones, para seguir siendo el niño objeto de todas sus inquietudes.

Para romper esta relación patológica, es necesario que la madre acepte liberar al adolescente. Que se distancie a los diecisiete años; podemos tener la seguridad de que volverá de mejor grado a los veinticuatro... Los vínculos deben cortarse de forma concreta, en la vida cotidiana y en la cabeza. Las madres de adolescentes, y con mayor motivo si están solas, tienen que hallar a toda costa centros de vida personales: amores, amigos, diversiones... Por su parte, debe invitarse al adolescente a buscar su autonomía fuera del cannabis: hay que confiarle unas responsabilidades personales y un tiempo sin su madre (actividades, vacaciones, etc.). Si resulta necesario y posible, que se vaya a vivir unos meses con su padre. Y si este no puede intervenir como tercero para ayudar a madre y adolescente a romper esta fusión, es imprescindible recurrir a un profesional, terapeuta, educador especializado...

⇨ **Los padres se divorcian**

El hijo de unos padres en proceso de divorcio sufre, y es normal. El hachís, si ya lo ha probado con sus amigos, puede aportarle «soluciones» para dejar de pensar y disolver su dolor. Además, el cannabis le permite incluso atraer por la fuerza la atención de sus padres y obligarles a situar el problema que él tiene por delante de los de ellos. En momentos de gran fantasía, el adolescente puede imaginarse que el problema del hachís anulará los papeles del divorcio.

Los padres tienen que evitar caer en la trampa centrándose en el cannabis a riesgo de perder de vista el malestar del joven. En efecto, aunque parezca maduro y casi adulto, cuando llega el divorcio sigue siendo un niño que necesita asegurarse de que sus padres seguirán queriéndolo. A veces se tiene la tentación de implicar a este «mayor» en las tensiones de la pareja, de tomarle como testigo, de pedirle de forma implícita que escoja un campo. Para él, incluso a los diecisiete años, sigue siendo desgarrador. La elección del futuro lugar de vida para la que se consulta hoy en día a los adolescentes no debe transformarse insidiosamente en opción entre padre o madre. Por último, el progenitor más desfavorecido con este divorcio debe tener cuidado para no buscar consuelo en el adolescente. Este, como los hijos más pequeños, tendrá una tendencia natural a querer ayudar al progenitor que sufre más. Pero, como su cariño por el otro se mantiene intacto, será a costa de un auténtico desgarro interior. Cómo resistir luego el deseo de encender un porro para olvidar todo eso, para dormir...

¿Qué podemos decirle? Que comprendemos lo dolorosa que resulta la situación para él. Uno y otro debemos permanecer a la escucha de nuestro hijo para que sienta que la desaparición de la pareja no implica la de sus padres. Y si la tensión entre ambos es demasiado viva, pensemos en consultar a un psicólogo.

Los padres deben mantenerse firmes acerca del cannabis. El divorcio no debe justificar el porro a sus ojos o disculparle a los de ellos. No le permitamos utilizarlo como pretexto. Un individuo libre no hace recaer de forma sistemática la responsabilidad de sus actos sobre los demás. Ahora bien, nuestro objetivo es hacer de él un adulto libre de decidir. Por ello, no debemos dejar escapar frasecitas del estilo: «Comprendemos que te hayas puesto a fumar con lo que te obligamos a vivir...»; mejor digamos: «Entendemos tu sufrimiento y vamos a ayudarte a superar este mal momento, pero desaprobamos el cannabis».

Lo esencial

El adolescente de menos de quince años no debe fumar, bajo ningún pretexto: su salud y su futuro están directamente expuestos. Hay que hacer todo lo necesario para disuadirlo y sancionar toda infracción.

El adolescente de quince años que fuma de forma ocasional debe ser invitado a quedarse ahí.

El adolescente dependiente exige un tratamiento especializado.

Resulta positivo que los jóvenes evalúen por sí mismos mediante una prueba su dependencia real al cannabis.

Los adolescentes que viven solos con su madre o se enfrentan al divorcio de sus padres deben ser objeto de una atención especial.

Capítulo 6

Ayudarlo a decir no

Más allá de una euforia pasajera, el cannabis proporciona a los jóvenes beneficios secundarios más duraderos: autoconfianza, prestigio de la transgresión, vida social, amistades... A veces es más difícil renunciar a eso que a las volutas del THC.

▓ Darle confianza en sí mismo

El cannabis se ha extendido como un reguero de pólvora entre los jóvenes de catorce a veinte años porque ofrece una respuesta fácil a las inseguridades de la adolescencia: «El cannabis te hace enrollado»; provoca un estado de indiferencia y facilidad; nada parece importante. El joven habla en público con mayor desenvoltura, en el grupo o en clase. Se siente más gracioso o se atreve a dar el primer paso hacia la chica que lo atrae. Podemos

ayudarlo a prescindir de esta muleta social infun-
diéndole confianza en sí mismo. Es fácil. Si le anima-
mos a ser él mismo y atendemos ciertos detalles de
la vida cotidiana, reforzaremos su autoestima.

⇨ **Dejemos que se exprese**

En familia, escuchemos sus opiniones sobre los temas
«adultos» que no le interesaban al niño que era hasta
hace poco. ¿Sus opiniones sobre la política, la reli-
gión, el amor o el hambre en el mundo nos parecen
ingenuas? Todos hemos pasado por esas fases de
idealismo y desilusión (¡algunos adultos las viven
aún!); no nos burlemos de él. Demostrémosle que su
opinión nos interesa; pidámosle que la argumente,
siempre que no se muestre insultante (racista o ren-
coroso); respetemos su derecho a tener ideas personales. Animémosle a cultivar sus gustos, se trate de
música, cine o libros.

⇨ **No le pongamos en situación de fracasar**

¿Siempre está en el banquillo en su equipo de fútbol? Tal vez haya que probar con el tenis. Idéntica
observación para el piano: de acuerdo, es una lás-
tima dejarlo todo si empezó a los siete años, pero, si
ya no le divierte, admitamos que lo abandone por

un tiempo... O para siempre. Qué le vamos a hacer. Es preferible que sus actividades le gusten y procedan de su propia elección.

¿Sus resultados escolares son desiguales? No le digamos que no llegará a nada, valoremos sus éxitos y propongámosle ayuda (si hace falta, clases de repaso) en las asignaturas en que tiene dificultades. No hablemos demasiado de las hazañas de su primo o de su hermano, «que es el primero en todo». No hagamos pesar sobre él unas ambiciones exageradas que son sobre todo las nuestras: ¿soñamos con que sea médico cuando la física y las matemáticas se le dan fatal? Pensemos en la insidiosa presión que ejercemos así en él, en su miedo a decepcionarnos y en su convicción de que no vale nada. Estas consideraciones no significan que el adolescente no deba recibir ninguna imposición, en absoluto. Pero hay que ajustarlas a sus competencias reales y valorar el esfuerzo demostrando que conduce al éxito, y no al fracaso. En resumen, adaptemos nuestras exigencias a sus capacidades.

⇨ **Ayudémoslo a afirmarse con el look**
Aunque pueda parecer superficial, la ropa o el peinado son elementos importantes para el adolescente

que busca su personalidad. Ese es el motivo que, en algunos casos, le lleva a cambiar de estilo cada seis meses... Sin caer en la dictadura de las marcas (cuyos mecanismos le explicaremos), dejémosle elegir su ropa y atreverse a llevar esa cazadora que le tienta y le intimida al mismo tiempo, pero que le permitirá situarse frente a sus compañeros.

Tiene trece o catorce años; olvidemos nuestras ideas personales acerca del buen gusto, lo práctico o lo cómodo para dejarle encontrar un aspecto que le ayude a sentirse bien.

Darle respuestas para distinguirse

⇨ Liberarse de la dictadura del grupo

Ese adolescente cuya autoconfianza reforzamos estará mejor armado para liberarse de la dictadura del grupo, algo que es especialmente difícil a una edad en que el joven necesita a sus amigos para encontrarse, poner en tela de juicio las opiniones de sus padres y descubrir otras formas de pensar y vivir. Durante este periodo de búsqueda personal, los padres siguen siendo los que imponen los límites y el modo de vida, pero deben retraerse.

Eso significa en concreto que es imposible meterse en la elección de sus amigos y prohibir la compañía de los fumadores. Equivale a devolver al joven hacia la infancia, a impedirle crecer. Atención, estamos en el caso general que se refiere a la mayoría de los adolescentes, no en el supuesto del adolescente dependiente del que hemos hablado en el capítulo anterior, que debe cambiar de vida, romper todo contacto con sus proveedores y ser objeto de un seguimiento médico.

Aunque no podemos elegir a sus amigos en su lugar, sí debemos insuflarle fuerza para resistir, dicho de otro modo, la capacidad de reivindicar su libre albedrío, de negarse a fumar cuando todo el mundo lo hace a su alrededor.

A continuación ofrecemos algunas sugerencias de posibles respuestas que pueden ayudarlo a afirmarse en el grupo:

- **«Los demás fuman, y yo también cuando estoy con ellos...»**
Respuesta: «Es curioso. Sabes decirles que no a tus padres pero nunca a tus amigos. ¿No crees que la verdadera libertad es decirles que no a los amigos a

veces, y sí a los padres de vez en cuando...?». No pretendamos imponer demasiado nuestro criterio; hagámonos la pregunta delante de él, como para invitarle a meditarla: «De todos modos, es raro ese deseo de hacer lo que hace todo el mundo...».

- **«Van a decir que soy un crío que obedece a sus padres...»**

Respuesta: «Es extraña esa convicción de ser más adultos cuando fumáis. ¿No crees que al negarte a ser un borrego eres tú quien se mostrará más adulto? Siempre habrá uno o dos que se burlen si rehúsas el canuto que se pasan los colegas, pero también los habrá —más de los que crees— que te respetarán por eso...».

Subrayemos que, al decir «no», incitará a otros a hacer lo mismo. El ambiente del círculo cambiará: sin duda algunos jóvenes se alejarán, pero otros se acercarán a él. No es imposible que gane cierto prestigio...

- **«Van a decir que tengo miedo de que me pillen...»**

Respuesta: «¡Pues di que es cierto! Que no te hace demasiada gracia acabar en comisaría. Y también y sobre todo que la policía importa menos que tus neuronas; no te apetece tener el cerebro hecho papilla».

Para reforzar este argumento recordemos que, bajo los efectos del canuto, a veces se tienen comportamientos idiotas de los que uno no se siente muy orgulloso al día siguiente. A una chica, sugirámosle que puede salir con alguien que no le interesa, a riesgo de lamentarlo después...

• **«Es Sergio quien tiene siempre costo, y es un tío superguay...»**

Respuesta: sin mostrarnos demasiado entrometidos, no debemos dudar en orientar la conversación acerca de ese tal Sergio. El hachís acostumbra a ser introducido en el grupo por uno o dos líderes que ejercen una influencia carismática en los adolescentes que los rodean.

Si se trata de adolescentes delincuentes o casi, no debemos dudar en poner en guardia a nuestro hijo contra esos amigos que pueden perjudicarlo. Si el joven sigue mostrándose sordo a nuestros argumentos, tendremos que tomar medidas radicales de alejamiento: internado, año en casa de los abuelos a 300 km de distancia... E incluso, aunque sea difícil, traslado de la familia. Son decisiones que se imponen cuando el propio adolescente está en peligro de caer en la delincuencia. Pero por fortuna este caso es poco frecuente.

⇨ **Su mejor amigo fuma**

El adolescente no comprendería que le pidiéramos que dejase de relacionarse con él, sobre todo si se trata de un amigo de la infancia. Expliquémosle a nuestro hijo que no ayuda a su amigo encerrándose con él en un círculo de humo, muy al contrario. Debe comprender que su amigo no fuma porque es fuerte sino porque es débil. Trate con el adolescente las opciones que puede permitirle ayudar a su amigo en lugar de acompañarlo.

Permanezcamos a su lado; el adolescente no debe encontrarse solo frente al sufrimiento de su amigo. Tampoco debe cargar con ese dolor. El hecho de ayudar a alguien no significa hacerse responsable de sus dificultades o de las decisiones de esa persona: esta distinción debe estar muy clara en la mente de nuestro hijo.

En concreto, eso quiere decir, por ejemplo, que vamos a abrirle nuestra casa al amigo en cuestión, invitarle a reunirse en nuestro hogar para cenar unas *pizzas* o escuchar música. De paso, sin insistir, podemos darle a entender a ese joven en apuros que estamos dispuestos a escucharlo, que podemos ayudarlo a buscar una asociación, un médico...

Eventualmente, sin revelar nunca las confidencias de ese adolescente en crisis y siempre que las circunstancias se prestan a hacerlo, podemos ponernos en contacto con sus padres. Y, por ejemplo, hablarles de este libro...

⇨ La influencia del novio/a

Quien fuma mucho es su novio/a. ¿Cómo disuadir a nuestra hija de fumar cuando ese chico se lía un canuto a la primera ocasión? ¿Cómo decirle a nuestro hijo que resista cuando ella le propone echar una calada?

No les pidamos que rompan. Es del todo contraproducente: seguirán viéndose a escondidas. Y no haremos sino reforzar su complicidad en torno al canuto, cuando tal vez se hubieran dejado al cabo de un mes.

Se presentan dos opciones:

— ya hemos tenido una discusión sobre el cannabis con nuestro adolescente, que sabe que lo desaprobamos;

— nunca hemos hablado en serio del tema; empe-
cemos por ahí: ¡volvamos al capítulo 3!

A continuación, podemos mencionar nuestras
dudas sobre su novio: «Creo que X fuma, y eso no me
gusta, pero ya eres bastante mayor para decidir con
quién vas». Dicho esto, expliquemos que deseamos
que sea él quien vaya hacia ella en lugar de al contrario. Que más bien le corresponde a él fumar
menos por amor hacia ella.

Dejemos que pasen tiempo juntos, por ejemplo
invitando al novio a nuestra casa, que es zona de no
fumadores. Atención, el hecho de abrir la casa
no significa desplegar la alfombra roja: si pasa el fin
de semana en casa, duerme en el sofá. Cannabis o
no, nuestra actitud será dictada por las consideraciones habituales de los padres de adolescentes
enamorados, adaptadas a la edad del joven y a los
valores familiares. Además, el hecho de pedirle al
novio que cumpla las reglas de nuestra casa es
hacer que respete a nuestra hija incitándola a no
fumar... Captará el mensaje.

Si el novio en cuestión es un fumador dependiente, como en el caso del mejor amigo, le recor-
daremos a la chica que no es una prueba de amor

colgarse con él, muy al contrario. Le explicaremos que lo ayudará proponiéndole horizontes distintos del porro, que hablando con él de lo que le angustia puede permitir que se sienta mejor. No obstante, cuidado con suscitar o reforzar en la chica una tendencia a la abnegación (frecuente en las adolescentes), que la llevará a cargar con las dificultades del novio o a sufrir con sus sufrimientos. Debe sentirse libre de abandonarlo, como los jóvenes se dejan a los quince años. Por último, una pequeña observación: prestemos atención al tabaco, temible en la adolescente. No debe encender un rubio tras otro para acompañar a su amigo cada vez que se fuma un porro...

En casa, lucha contra los argumentos confusos

⇨ **Autojustificaciones**

El adolescente busca —y encuentra— con facilidad toda clase de justificaciones para su consumo de cannabis. Según las circunstancias, puede presentárnoslas de forma agresiva o intentar tranquilizarnos con las ideas que circulan sobre la cuestión. A veces es difícil evitar que nos cojan desprevenidos argumentos que parecen lógicos o de sentido común, pero que no podemos dejar pasar sin arriesgarnos a reforzar las autojustificaciones del adolescente.

Estas son las claves que, adaptadas a nuestra situación familiar, nos permitirán replicar con calma:

- **«Fumo porque hago lo que quiero. Fumar es mi libertad...»**
  Respuesta: «¿De qué libertad hablas? ¿De la soledad? Necesitamos a los demás para ser felices, una familia, amigos, amor... Pero en el momento en que tienes edad para elegir a tus amigos y para salir con una chica te apartas de los demás. Crees liberarte de los adultos, pero te pones a depender de una sustancia. ¿Estás seguro de que eres independiente de verdad, o en realidad estás cada vez más solo?». También podemos subrayar: «Si el porro te impide seguir las clases, ¿crees que tendrás libertad para escoger la vida que te guste dentro de unos años?».

- **«Fumar es casi legal hoy en día. Si llevas encima el carné de identidad, la policía no te detiene»**
  Respuesta: «No voy a mentirte. Es cierto que con frecuencia la policía deja tranquilos a los que fuman

porros. Con frecuencia, pero no siempre. Tanto si llevas el carné de identidad como si no, el consumo del cannabis es ilegal, así que te arriesgas a tropezar con un policía que aplique la ley al pie de la letra. Sucede todos los días. Eres libre de acabar en la comisaría y pagar una multa, porque puedes estar seguro de que la abonarás tú, ¡no nosotros!».

• **«Fumo porque está de moda. Mira a los cantantes, los deportistas, los famosos... Todos fuman. Además, en el cine, los protagonistas se fuman porros y controlan...»**

Respuesta: «Los futbolistas o los actores de los que hablas no se han hecho famosos quedándose encerrados fumando en su habitación. Las han pasado canutas para llegar ahí. Los deportistas han dedicado horas al entrenamiento mientras sus amigos salían a distraerse. Además, muchas veces han tardado años en abrirse camino. ¿Crees que habrían tenido fuerzas o ganas para afrontar esas dificultades si se hubieran pasado todo el día fumando? No puedes destrozarte todas las noches y marcar goles a la mañana siguiente. No creas lo que te muestran en los medios de comunicación; está la otra cara de la moneda...».

⇨ **Importancia de las manipulaciones de las que es objeto**

Podemos recordarle que las modas cambian: «Hace cincuenta años, para ser un hombre de verdad había que fumar tabaco negro. Fíjate en el vaquero de los anuncios de tabaco, o en John Wayne y los demás: todos murieron de cáncer. El tabaco antes y el *whisky* o las bebidas alcohólicas hoy se presentan a menudo como un símbolo masculino, una prueba de fuerza y libertad. Para tu generación, la independencia es el cannabis... Pero detrás de todo eso hay una gran manipulación destinada a hacer que consumáis, a birlaros el dinero. Y es necesario que caiga en la dependencia toda la gente posible para que algunos en la cima de la pirámide obtengan grandes beneficios. Créeme, detrás del colega del colega que te vende costo, hay gente no muy brillante que se forra... ¿Estás tan seguro de ser libre cuando fumas?».

Si el adolescente se muestra receptivo a este argumento, podemos invitarle a navegar por el Salón de la Industria Tabacalera de la Vergüenza (Tobacco Industry Hall of Shame), una página web que presenta una galería de retratos de fumadores célebres (actores, músicos...) clasificada por la causa de su muerte: cáncer de pulmón, de vejiga... (http://ros-well.tobaccodocuments.org/hall_of_shame.htm).

Atención, esta argumentación sobre la libertad de consumir es más creíble si el progenitor no es dependiente del alcohol o del tabaco. Si es así, no ocultemos los problemas que nos causa esta dependencia y nuestras dificultades para dejarla.

⇨ **Cómo evitar las palabras que le incitan a decir «sí» (al cannabis)**

Es bastante difícil controlar todo lo que se llegar a decir a lo largo del día en una familia. Las palabras salen espontáneas.

No obstante, ciertas fórmulas poco acertadas tienen un efecto de refuerzo en los consumos de sustancias. Los fumadores de tabaco conocen bien ese deseo irresistible de encender un cigarrillo cuando los sermonean.

Para que el adolescente tenga ganas de decir «no» al porro, en su mente y a los demás, evitemos soltar: «Fumas para hacerte el interesante»; «Fumas porque no tienes voluntad»; «Fumas porque eres demasiado tonto para ver que es malo», y de nuevo: «Empiezas por el porro y acabarás con una jeringuilla».

Paga: ni mucha, ni poca

¿Dársela para que fume? ¿Privarle de ella para que trafique? No nos encerremos en este peliagudo dilema. Es normal que un adolescente reciba una paga según los medios de la familia, su edad y sus necesidades reales (compra de libros o de la tarjeta de transporte, comida fuera a mediodía...).

La paga del adolescente forma parte de su educación para la vida social, ya que le permite tomar conciencia del valor de las cosas (¡a él le corresponde pagar las llamadas y SMS enviados desde su móvil!). Es una baliza en la adquisición de su autonomía. El objetivo de la educación es también — ahora más que nunca— permitirle establecer una relación sana con el dinero.

El castigo a un adolescente que fuma hachís suprimiendo su paga equivale en realidad a agravar su vínculo de dependencia respecto a sus padres, una unión que tratará de romper... fumando más aún, precisamente para ir en contra de esos progenitores que le suprimen los subsidios.

Retirarle su paga significa también quitarle sus posibilidades de elección, incluida la de dejar de fumar, puesto que ya no tiene medios para permitirse otras actividades (cine, vídeo, reunión en el bar de la esquina...).

En cambio, el hecho de darle más dinero porque gasta parte de su paga en costo equivale a suprimir todos los límites, unos límites que nos corresponde establecer a nosotros mientras no sea adulto.

¿Tememos que se ponga a revender hierba para garantizar su consumo personal? No debemos ceder nunca a este chantaje, bien se haya expresado de forma explícita o sólo esté en nuestra mente, ya que perderemos toda credibilidad al hacernos cómplices de su adicción. Si nos ha amenazado con ello para obligarnos moralmente a la paga, endurezcamos el tono: no admitiremos que trafique y tomaremos todas las medidas que se impongan si eso sucede, aunque haya que ponerse en contacto con el juez de menores, cuya principal función es proteger a los jóvenes en peligro.

En definitiva, establezcamos con él el importe de su paga acordando lo que toma a su cargo (libros, etc.) y lo que pagamos nosotros de forma directa. Si un día tiene que renunciar a una salida que le importa o a un CD que le apetece mucho tener, precisamente porque se ha fumado su paga mensual, eso puede hacerle reflexionar.

Lo esencial

Para decirle no al deseo de fumar, el adolescente debe sentirse fuerte. A los padres les corresponde hacer todo lo necesario para reforzar su autoconfianza y autoestima valorando sus éxitos, teniendo en cuenta su opinión y respetando sus intentos de afirmarse. Es mucho más eficaz que suprimir su paga.

Pasemos revista a los argumentos de los amigos a fin de darle unas armas concretas para resistirse a su presión.

Si su amigo o su novia fuman, no les demostrará su apego siguiéndoles por ese camino. Sin separarlos, ayudémoslo a llevar esta delicada situación.

Capítulo 7

Fumar no es tan terrible. Nosotros también fumamos

Cierto número de padres treintañeros o cuarentones conocieron el cannabis en su juventud. Como ellos también fumaron y a veces aún lo hacen, tienen escrúpulos para prohibirle al adolescente lo que ellos mismos se permiten. La mayoría experimentan algunas dificultades para enfocar el asunto con claridad.

Es una antigua historia. ¿Hay que hablarle de ello?

Él no conoce nuestra juventud, pero empieza a mostrarse curioso. O nos preguntamos en qué medida nuestra pasada experiencia con el cannabis puede serle útil. ¿Hay que responder? Tal vez... pero evitando ciertos escollos: el colegueo y la sobreprotección.

⇨ **La tentación del padre colega**

Algunos padres experimentan un legítimo orgullo al pensar en las dificultades que superaron en su juventud: «Trabajé para pagarme los estudios»; «Cuidaba de mi hermano menor»; «Ayudé como voluntario a los sin techo»; «Pasé seis meses en el hospital después del accidente...». Y eventualmente: «Yo también fumé hachís (e incluso tomé otras drogas) y supe dejarlo».

Esos acontecimientos forman parte de nuestra historia y han construido parcialmente al adulto en el que nos hemos convertido. En principio, no hay ningún motivo para ocultárselos al adolescente. Nuestras actuales inquietudes y exigencias serán tal vez más comprensibles a sus ojos, si puede relacionarlas con momentos importantes de nuestra historia personal.

Muy a menudo, las evocaciones del pasado se presentan de forma natural en la conversación cuando el niño entra en la adolescencia: el diálogo padre-hijo se modifica, el joven se muestra curioso por la persona que éramos a su edad. Está orgulloso de la confianza que le demostramos al compartir ciertos recuerdos, tiene la gratificante sensación de hablar con nosotros al mismo nivel... No obstante, sigue siendo nuestro hijo, y nosotros, sus padres. Cuidado con entablar una relación de colegas que tienta a veces a algunos padres un poco solitarios, demasiado felices de hallar en el adolescente a un interlocutor e incluso a un confidente. La situación se vuelve pronto aplastante y merma la seguridad del adolescente, que no gana a un «amigo» sino que pierde un poco a su padre.

⇨ **El deseo de protegerle**

Su historia no será la nuestra. La vida le dará bofetadas a su vez y nosotros no podremos hacer nada... Sólo hacerle sentir que estamos ahí para él si las cosas van mal. El adolescente tiene que vivir sus propias experiencias sin que interfiera el recuerdo de las nuestras.

La nostalgia o la necesidad de protegerlo no deben llevarnos a ponernos como ejemplo de forma consciente o inconsciente. Las referencias demasiado frecuentes a nuestro pasado pueden paralizarlo, acomplejarlo...

No es más deseable ponerse como ejemplo contradictorio sobre el tema: «Yo hice tonterías; no las hagas tú». Por otra parte, esto es aplicable tanto con el cannabis como con lo demás: hurto en una tienda, primeras relaciones sexuales, jaleo en clase... La evocación, a veces un tanto complaciente, de las «aventuras» de los padres puede excitar al adolescente, infundirle deseos de medirse con nosotros y demostrar que tal vez puede llegar más lejos. Y si lo hemos hecho nosotros, ¿por qué no él?

⇨ **Sencillamente, responder**

Para evitar estos escollos, la solución más simple consiste en mostrarnos naturales cuando nos haga la pregunta: «Sí, fumé cuando era joven». No hace falta dar demasiados detalles; el adolescente no tiene un «derecho a saber» ni nosotros tenemos un deber de transparencia.

No mentirles no significa que haya que decírselo «todo» a los jóvenes, aunque este argumento tuvo su minuto de gloria en algunas obras sobre psicología mal entendida. En primer lugar porque todo el mundo tiene derecho a su jardín secreto, a la intimidad de sus recuerdos, y en segundo lugar —en el caso del cannabis, en particular—, porque es muy difícil saber cómo va a entender nuestra historia el joven y eventualmente utilizarla.

El riesgo consiste en ver cómo el adolescente se permite ciertas «experiencias» con la excusa de que nosotros las hemos vivido. Por lo tanto, debemos evitar mostrarnos complacientes o enternecidos por nuestros propios recuerdos, sobre todo si el joven que nos pregunta sobre nuestras propias experiencias de adolescentes aún no ha probado por sí mismo. Al hacernos la pregunta, ¡tal vez esté buscando una coartada para permitirse dar el paso! Seamos prudentes en nuestras respuestas...

En cierta época, bastante remota hoy en día, los hombres evocaban con mucha libertad el recuerdo de sus primeras «monas» como si fuesen proezas. Para muchas generaciones de chicos, la primera borrachera formó parte de los ritos de paso adolescentes. Los padres actuales son más discretos sobre sus antiguas borracheras, pero la complacencia de la que el alcohol ha disfrutado durante demasiado tiempo en nuestra sociedad parece haberse desplazado hacia el cannabis.

Algunos padres evocan con facilidad las fiestas de porros de su época de estudiantes, de las que guardan un recuerdo nostálgico. Olvidan que:

— en general, cuando probaron el cannabis por primera vez, tenían dieciocho o veinte años en los ochenta. Los adolescentes actuales conocen el cannabis hacia la edad de quince años, trece a veces... En términos de maduración cerebral, hay una gran diferencia. Por otra parte, la pérdida de toda la concentración, de todo deseo de elegir un futuro profesional (a causa del síndrome amotivacional tratado en el capítulo 1), a los quince años, cuando se decide todo en términos de orientación escolar o de opciones de vida, no es un problema menor...;

— los fumadores de hachís de las generaciones anteriores solían ser estudiantes. El cannabis transmitía aún una imagen filosófico-contestataria de individuos que pensaban libremente contra la sociedad. Los fumadores de hachís compartían cierto orgullo de pertenecer a una cultura minoritaria, de vanguardia. ¡Nada que ver con los adolescentes actuales! No creamos que siguen nuestro camino intelectual como dignos hijos de sus padres... Muy al contrario, los jóvenes que fuman con frecuencia hoy en día rechazan toda reflexión política; no quieren reformar la sociedad, que les deja indiferentes. Sus palabras giran en torno a la «hartura de la vida» y a la forma de obtener dinero con facilidad;

— el cannabis o la hierba ofrecidas hoy en día son a veces más potentes que la marihuana de hace treinta años, sobre todo si proceden de los Países Bajos. Aunque es difícil establecer promedios, el análisis de algunas incautaciones de resina por parte de las aduanas muestra que no es raro hallar piedras con un alto contenido de THC (20 % y más).

Si es consciente de estas diferencias relacionadas con la época, un padre que fumó costo en su juventud y supo dejarlo se halla en una posición favorable frente a un adolescente que lo ha probado, e incluso que consume ya con frecuencia. Puede valorar su propio proceso de abandono, sin olvidarse de indicar cómo se sintió después de dejarlo.

Aún fumamos...

⇨ **Como preámbulo**

• **Tenemos el derecho —el deber— de mantener ciertos momentos de nuestra vida lejos de la mirada del adolescente.** Nos parece normal cerrar la puerta de nuestra habitación porque nuestra vida amorosa no es cosa suya; lo mismo ocurre con el cannabis. No fumemos ante él, aunque sospeche que lo hacemos.

• **No fumemos nunca con él, o al menos no antes de que abandone la casa y se haya independizado de verdad como adulto.** Tanto si es por despreocupación como para tener la impresión —por completo falsa— de controlar así su consumo, siempre es una irresponsabilidad fumar con un adolescente. Este último se desliza así de forma directa en un mundo donde el padre se convierte en iniciador y se anulan las referencias... Incluso a los diecisiete o dieciocho años, esta situación es muy perturbadora. Este padre cómplice juega a ser joven. ¿Acaso prosigue de forma interminable con su propia rebelión adolescente? En cualquier caso, se sitúa en una posición de seducción frente al joven. Ocurre, en cierto modo, como esas madres que, en otro registro, se visten como sus hijas y solicitan ávidamente sus confidencias. El progenitor cree recuperar su juventud o hallar un amigo sincero, pero el adolescente pierde una vez más a un padre. Sin embargo, incluso a los diecisiete años el joven necesita aún sentirse protegido o, al menos, guiado por los adultos que lo educan. Si su padre le arrastra hacia un hábito cuyos riesgos percibe de forma confusa, su soledad será inmensa... Dicho esto, la actitud y las palabras de un padre fumador de cannabis deben modularse según la edad del adolescente.

⇨ **Tiene menos de 15 años...**

• **No tiene por qué ver ni saber cuándo y dónde fumamos.** El hecho de fumar delante de un adolescente de entre doce y quince años, prohibiéndole que haga lo mismo, es una complicidad que exhorta. Esta actitud excita al adolescente: es una incitación perversa a hacer lo mismo. Nos hallamos ante un discurso paradójico: «Hago y te prohíbo hacer»; el joven recibe dos mensajes contradictorios verbal y no verbalmente... Es insostenible.

• **El padre debe fumar «sin que lo sepa» el joven.** Lo que no significa necesariamente «a escondidas». El matiz puede parecer sutil pero es importante. En el primer caso, el padre fuma en ausencia del joven en momentos que este último no conoce (sin que él lo sepa); en el segundo caso, el adulto fuma, por ejemplo, encerrado en su habitación (a escondidas), algo que el adolescente adivina sin dificultad y cuya hipocresía le salta a la vista.

Aunque él sepa que fumamos, hacerlo sin que él lo sepa significa también que evitamos llevarlo a cabo en casa o antes de conducir... El adolescente comprueba así que nos ponemos unos límites y que los respetamos. También llega a la conclusión de que le respetamos a él, puesto que no le pasamos nuestros porros por las narices.

• **Si nos pregunta directamente, sigamos respetándolo.** No pasemos de hacerlo sin que lo sepa a mentirle. Reconozcamos los hechos con sencillez. Digamos de paso que estas observaciones pueden aplicarse también al tabaco y al alcohol. El adulto le muestra al adolescente que respeta su entorno y que evita los abusos fumando exclusivamente en el jardín o evitando toda embriaguez ante él, incluso los días de fiesta.

Tratándose del cannabis, demostremos que limitamos nuestro consumo; es lo menos que podemos hacer. En efecto, para lo demás, la evocación de los inconvenientes e incluso los peligros del cannabis, nuestra palabra está desacreditada. Más vale que el otro progenitor, no fumador, o un adulto de referencia (un tío, el médico de la familia...) se encargue de entablar y proseguir el diálogo con el adolescente acerca de este tema.

⇨ **Tiene más de quince años. Ya no es posible fumar sin que él lo sepa...**

Hay que responder a sus preguntas: decir «sí, fumo» y explicar en qué circunstancias nos lo permitimos. Como hemos visto, debemos mostrarnos discretos sobre nuestros primeros contactos con el cannabis, sobre todo si éramos bastante jóvenes... ¡Que no vaya a pensar «A mi edad, mi padre ya lo había probado»!

• **Si nuestro consumo personal es social,** algunas veladas de vez en cuando con amigos, insistamos más en el carácter ocasional de nuestros porros que en su cara agradable. Aprovechemos de nuevo para demostrar que supimos ponernos unos límites cuando éramos jóvenes y que persistimos en esta actitud ahora que somos adultos. Nunca más de una vez por semana, nunca antes de conducir, nunca en presencia de nuestros hijos...

La idea que debemos transmitir es la siguiente: hacerse adulto no significa quedar libre de toda limitación porque ya no tenemos que rendir cuentas a nuestros padres. Esa sensación, muy intensa en la adolescencia, de que la edad adulta corresponde al abandono de toda limitación es mantenida por esas frases que repetimos sin pensar: «Harás lo que quieras cuando seas mayor de edad», o «Cuando ya no dependas de nosotros...». Sin embargo, el hecho de crecer no significa abandonar la autoridad de los padres para acceder a un universo de total libertad: crecer supone dejar los límites impuestos por los padres para pasar a los que se exige uno mismo... Al comunicarle esta idea, llevamos al joven a pensar que se muestra más adulto cuando controla su consumo que cuando se abandona sin freno a sus deseos.

• **Si nuestro consumo personal es importante, diario,** sólo nos queda admitir nuestra dependencia, reconocer que no estamos orgullosos de ella y que deseamos transmitirle otra cosa... Subrayemos sus efectos negativos en nuestra vida, su coste, nuestra dependencia de la sustancia... Digamos de paso que todo padre que se fuma su paquete de tabaco diario o que no puede prescindir de sus *whiskies* de la noche debe transmitir este tipo de mensaje a los niños y adolescentes de la familia. A nadie le apetece ponerse como ejemplo contradictorio ante sus hijos, pero es la única actitud posible. No hagamos referencia a la ilegalidad del consumo de hachís; si esta consideración no nos prohíbe fumar, ¿por qué tendrá que detener al joven? Pero nada nos impide hacerle partícipe de nuestra preocupación por él: «Quiero protegerte de esta dependencia que supone un obstáculo para mí». Podemos indicar otra diferencia que el joven tendrá que reconocer: «El impacto del cannabis en tu cerebro aún en formación es muy particular: el hachís va a fijarse en tus neuronas, vas a atontarte el cerebro»... Aunque conozca que fumamos, sabe también que lo queremos, y la expresión de nuestra inquietud puede llegarle al corazón.

A continuación, para ayudarlo a salir de una eventual dependencia al cannabis, pasemos el testigo: a nuestro cónyuge, si no consume cannabis y si sus palabras nunca han sido ambiguas sobre este tema, pero también a un médico o a un centro especializado.

Errores que debemos evitar

Cualquiera que sea la edad del joven, el padre fumador regular de cannabis debe evitar dos actitudes contrarias pero igual de catastróficas: mostrarse orgulloso de su dependencia o negarla a pesar de la evidencia.

Existen diferentes formas, en muchos casos insidiosas, de presumir de las propias adicciones:

— hay quien afirma: «Fumo (o bebo), y ya está». Se transmite así la idea de que el cigarrillo, el alcohol o el cannabis tienen su lugar natural en la vida, de que forman parte de la identidad de un adulto;

— hay quien dice: «Fumo (o bebo) y no me importa», o también: «Bueno, de algo hay que morir», insinuando así que la salud y el respeto por uno mismo (por el cuerpo, por la integridad personal) no tienen ningún valor;

— hay quien expresa: «Fumo cannabis, pero al menos no bebo ni fumo tabaco, ni tampoco tomo somníferos...», y quien registra en la mente del joven que la dependencia de una sustancia es un hecho ineludible;

— por último, hay quienes niegan por completo su dependencia. Afirman, con un estilo en definitiva bastante adolescente, que lo dejan cuando quieren... Con esta actitud, empujan al joven hacia la misma postura de negación de su propia dependencia. Es terrible, pues los padres le prohíben *de facto* al adolescente cualquier búsqueda de ayuda y de tratamiento.

Nos tira más el tabaco o el alcohol

Desde luego, no nos arriesgamos a que nos detengan en el estanco o en la sección de licores del supermercado, pero eso no es lo que cuenta. A los ojos del adolescente que vive con nosotros, necesitamos una sustancia para sentirnos bien o mejor; la falta de nicotina nos lleva a recorrer los estancos abiertos de noche en cuanto se vacía nuestro paquete de tabaco... Somos dependientes. Él no se deja engañar; no nos dejemos engañar nosotros. También en este caso, lo más razonable es reconocer nuestra dependencia y lamentarla abiertamente. Hemos caído en una trampa y no deseamos que el joven se deje atrapar también, se trate de tabaco o de cannabis. Es un argumento que él puede comprender.

⇨ **No hagamos ningún «contrato mutuo»**
Aunque es posible hacer un «contrato» con el adolescente para que reduzca o abandone su consumo,

tal como se indica en el capítulo 4, el padre fumador debe evitar por completo hacer cualquier tipo de «contrato de intercambio» del estilo: «Si tú lo dejas, yo también». Nuestra actuación y la suya nunca deben estar vinculadas.

En primer lugar, desde un punto de vista moral, esto se parece a una forma de chantaje emocional: el joven se encuentra así investido de una responsabilidad moral si nuestra desintoxicación fracasa, ¡y su peso será aplastante si un día desarrollamos un cáncer de pulmón! Este tipo de «contrato mutuo», aunque se haga de buena fe, es muy arriesgado: no podemos estar seguros de lograr dejar de fumar. Todo el mundo sabe que el abandono con éxito del tabaco va precedido de cierto número de fracasos, y nos arriesgamos a arrastrar al joven al fracaso, ya que, a su vez, puede volver al porro. Nuestro revés personal se convierte en una especie de tácita autorización. Además, nuestra propia adicción se inscribe en nuestra historia. Tiene sus ritos, sus momentos... Nuestro combate personal contra el alcohol o el tabaco no tendrá nada que ver con su renuncia al cannabis. No cabe imaginar un proceso simultáneo donde, en una especie de confraternidad ilusoria que puede convertirse en una complicidad activa en caso de fracaso, el padre y el hijo, por ejemplo, deciden juntos abstenerse.

Y esto nos lleva al último punto: somos el progenitor, no un semejante ni un igual. No tenemos que darle prendas al joven cuando le pedimos que reduzca su consumo. Conoce el interés que sentimos por él, nuestro cariño y las responsabilidades que tenemos respecto a él, y eso basta y sobra para justificar nuestra petición.

⇨ Demos ejemplo

Pero no deja de ser cierto que nuestra adicción debilita nuestra palabra. Lo ideal, sin hablar nunca de contrapartidas, es tratar de dejarla. Si lo conseguimos, nuestra acción adquirirá un valor ejemplar.

Mientras nos deshabituamos, no ocultemos las dificultades que tengamos, sin alardear de ellas: un adolescente que sólo está probando el tabaco o que no tiene más que unos cuantos porros en su haber puede darse cuenta así de que siempre es difícil abandonar el hábito, de que no siempre se deja «cuando se quiere».

Si no estamos dispuestos a renunciar a nuestros vicios, lo menos que podemos hacer es imponernos los límites ya mencionados: nada de tabaco dentro de casa, nada de alcohol antes de conducir —aunque se trate de una fiesta—, etc.

Por último, el falso colegueo que consiste en beber con el hijo y encender el cigarrillo con la hija representa también una postura de seducción. De forma consciente o inconsciente, para sentirse «joven», el adulto dimite de sus responsabilidades e incita al adolescente —su colega— a seguirle en su adicción al alcohol o al tabaco. Y el joven, orgulloso de sentirse «adulto», a la inversa, le pisará los talones. Terrible malentendido.

Lo esencial

Evitemos mostrarnos complacientes o enternecidos por nuestros propios recuerdos, a riesgo de ver a nuestro hijo adolescente permitirse ciertas «experiencias» con la excusa de que nosotros las hemos vivido.

Cualquiera que sea la edad del joven, el padre fumador regular de cannabis debe evitar dos actitudes contrarias pero igual de catastróficas: mostrarse orgulloso de su dependencia o bien negarla a pesar de la evidencia.

El padre fumador tiene que evitar hacer cualquier tipo de «contrato de intercambio» del estilo: «Si tú lo dejas, yo también». Nuestra actuación y la suya no deben estar vinculadas. ¿Y si fracasamos?

Capítulo 8

Cómo pedir ayuda

No debe darnos vergüenza pedir ayuda cuando estamos desorientados ante el consumo de cannabis de nuestro hijo adolescente. En primer lugar porque, en sí, el porro no es vergonzoso. Es fastidioso, molesto, eventualmente peligroso para el joven, pero no vergonzoso. Hay que convencerse de ello y saber pedir a terceros que intervengan en caso de necesidad.

Fuma todos los sábados por la noche; lo ha probado una vez... El asunto no tiene nada de dramático. Si nuestra relación es correcta, no necesitamos ninguna ayuda en particular para hablar de la cuestión con él (véase el capítulo 3). Debemos preparar y compartir este diálogo con nuestro cónyuge o ex pareja, porque el tema es importante, pero la cosa acaba ahí. Por el momento, el tema no tiene por qué salir del triángulo padres-adolescentes.

Primeras ayudas

Fuma demasiado, es muy joven y se niega a hablar, a tratarse.

¿A quién acudir?

⇨ En primer lugar, la familia cercana

Nuestro cónyuge y los miembros de la familia no deben dejarnos llevar en solitario con el adolescente el «problema cannabis». Cuidado, eso no significa que tengamos que enfrentarnos todos con el adolescente recalcitrante y arrinconarlo. La familia debe acudir al rescate para rodearlo, darle calor y hacerle sentir en todo momento que no está solo, que puede hablar de sus dudas, su tristeza e incluso su rebelión con uno de nosotros.

Ambos progenitores, aunque estén separados, deben situarse al mismo nivel de información y a ser posible adoptar la misma línea educativa frente al adolescente; cosa que es cierta para todas las cuestiones educativas (estudios, sexualidad...) lo es también para el cannabis.

Los hermanos deben mantenerse al corriente de la situación en función de su edad y de la importancia del problema. No es cuestión de guardar en secreto el «expediente cannabis». En primer lugar, porque es ilusorio: su hermano conoció seguramente mucho antes que nosotros que había costo en el aire; si no, lo sabrá pronto. Más vale que aproveche para conocer nuestra postura sobre el tema; tal vez le sea útil...

Al poner al corriente a los hermanos, nunca debemos tratar de formar un frente común contra el adolescente fumador. Le ofreceremos más bien la posibilidad de recibir un apoyo adicional que puede ser mejor aceptado que el nuestro. Además, si se degrada la situación entre padres y adolescentes, es bueno que un hermano pueda mantener el vínculo.

Por otra parte, resulta inútil alertar a todos los tíos; sólo hay que informar a los que están personalmente próximos al adolescente.

También pueden intervenir como terceros un tío joven, una abuela adorada o una madrina atenta en caso de ruptura del necesario diálogo con el adolescente.

Estos mediadores pueden incluso desempeñar una función clave en el caso ya mencionado de que el padre esté desacreditado porque él mismo tiene un problema de adicción.

Ayudas externas

⇨ Educadores, ambiente escolar

El adolescente fuma demasiado o es muy joven... Deseamos pararle los pies, pero se niega a reconocer su vicio. Le hemos pedido que enderece el timón, pero parece poco deseoso de hacerlo. Así pues, le hemos advertido (véase el capítulo 2) que no vamos a quitarle la vista de encima. Dicho de otro modo, vamos a salir del círculo familiar e implicar a personas que pertenecen al círculo personal del adolescente.

De nada sirve ir a ver al director de su instituto, que nunca se cruza con él entre los centenares de alumnos del centro. Es el prototipo de la falsa acción: se va a ver a las autoridades escolares porque uno no se atreve a dirigirse a las policiales (¡a las que de todos modos no hay que ir a ver!). Este contacto no aporta ninguna ayuda concreta, pero puede estigmatizar al adolescente. Dirijámonos sólo a personas que lo conozcan y se interesen por nuestro hijo: resultan más indicadas la bibliotecaria que le ayuda a preparar sus exposiciones, el profesor de judo, la enfermera escolar que lo trata cuando tiene dolor de tripa algunos meses... Tampoco se trata de pregonar la noticia entre los profesores, los vecinos y la familia en conjunto. Falsearemos las relaciones del joven con todos los adultos que conoce, a una edad en que los adolescentes buscan precisamente nuevas distancias con quienes eran hasta entonces los «mayores». Por otra parte, nos arriesgamos a exponerle a comentarios desagradables (aunque tengan buena intención) sin otro resultado que reforzar su malestar e incluso un sentimiento de persecución. Por último, el adolescente puede sentirse marginado, aislado, y volverse de forma aún más decidida hacia sus amigos o su porro.

La idea general es pedir a dos o tres personas a las que el joven aprecie que transmitan el mismo mensaje que nosotros, con amabilidad: «Nos preocupamos por ti, te observamos, nos gustaría que te cuidases...».

Ayudas médicas

⇨ Médicos y psiquiatras

No nos precipitemos demasiado pronto sobre el psiquiatra. Por desgracia, la palabra sigue dando miedo. Para los primeros contactos, debemos presentar el abuso de cannabis como un problema de salud. Quien dice salud dice médico: su pediatra, el médico de cabecera... Este primer encuentro con un médico tiene la finalidad de poner en marcha en el adolescente una reflexión o, dicho de otro modo, de llevarle a examinarse a sí mismo.

Si el adolescente es fumador regular, hay que dirigirse bastante pronto a unos profesionales que conozcan de verdad la problemática del hachís. Una vez más, puede tratarse de un médico de cabecera, pero también de un educador especializado o de un psicólogo, y por último, de un psiquiatra infantil, de un psiquiatra o de un médico especialista en trastornos de la adolescencia. Los centros de atención a la juventud, anónimos y gratuitos, pueden acogernos o darnos los datos de un profesional (véanse los contactos útiles).

Después de una primera visita, si se confirma que el adolescente se sirve del cannabis con fines autoterapéuticos, como ansiolítico o antidepresivo, hay que dirigirle hacia un servicio especializado (servicio hospitalario de psiquiatría infantil).

⇨ **Internados terapéuticos**

En algunos casos el alejamiento es necesario para ayudarle al joven a romper con sus hábitos de vida marcados por el cannabis y... con ciertas compañías.

Si no es posible enviarle a largo plazo (dicho de otro modo, durante un curso entero) a casa de un pariente o amigo de la familia, nos queda la solución del internado terapéutico.

Estos centros no son hospitales en el sentido tradicional: los adolescentes pueden proseguir con sus estudios, se encuentran con jóvenes de su edad en el instituto y disfrutan de un seguimiento personalizado y profesional en el alojamiento. Aunque este cambio de vida no está sometido a la aprobación del joven, debe prepararse con él.

⇨ **En situación de crisis: la hospitalización**

La hospitalización afecta de forma exclusiva a los adolescentes que son grandes fumadores, con un consumo autoterapéutico o toxicomaniaco. Incluso en este caso, es una medida bastante inhabitual.

Puede imponerse en periodos de crisis:

— crisis de malestar absoluto, intento de suicidio;
— crisis relacionada con un acontecimiento: ruptura sentimental, fallecimiento de un familiar o intento de suicidio de un amigo, que lleva a los padres a preocuparse por él. Está en un periodo de grave tensión. La hospitalización puede ser solicitada

por los padres o propuesta por un médico. Será corta, de entre quince días y tres semanas, justo el tiempo necesario para calmar un poco la tensión. Pero sólo podrá ser útil si el médico que se ocupa del adolescente desarrolla con él una alianza de tratamiento. En este caso, la estancia en el hospital forma parte de la toma de conciencia y representa verdaderamente un primer paso en la estrategia. Si no, en términos de abandono del hábito, carece de interés para los fumadores que rechazan el tratamiento.

Lo esencial

Nuestro cónyuge y los miembros de la familia no deben dejarnos llevar en solitario con el adolescente el «problema cannabis».

Al poner al corriente a los hermanos, le ofrecemos la posibilidad de recibir un apoyo adicional y que puede incluso ser mejor aceptado que el nuestro.

En el instituto, nos dirigiremos sólo a personas que lo conozcan y se interesen por él.

Si el adolescente es fumador regular, acudamos a profesionales del problema, que lo visitarán y nos orientarán, según el caso, hacia servicios de tratamientos especializados.

Conclusión

La imagen positiva de la que disfruta el fumador de cannabis en nuestra sociedad —por algunos famosos— está en total contradicción con su estatus ilegal. Esta paradoja no facilita la labor de prevención de los padres, ya que al adolescente le resulta fácil denunciar esta hipocresía del mundo de los adultos. Además, los padres de adolescentes se enfrentan hoy en día a una situación inédita: es la primera generación que debe inventar una postura educativa respecto al cannabis. Sobre los demás temas — la autoridad, la escolaridad, la sexualidad— pueden basarse en modelos, en sus recuerdos, en los principios de sus propios padres, ya sea para inspirarse en ellos, ya sea para adoptar la posición contraria. Para el cannabis no hay nada, salvo discursos contradictorios aquí y allá. Algunos, antiguos fumadores, no están más preparados: olvidan que eran más mayores en la época de la «hierba en la uni» y no saben que fumaban entonces sustancias mucho más ligeras que la que consume su joven adolescente en el instituto. Pero el cannabis es también un problema de la sociedad. ¿La legalización facilitaría la tarea de los padres? No es seguro... La despenalización para los consumidores en público y una mayor severidad para los traficantes son preferibles seguramente para recuperar un poco de coherencia. Mientras tanto, con este libro confiamos en darles unas referencias a los padres, pues a ellos, que están en primera línea, les corresponde asegurar la prevención del consumo y la protección de su adolescente.

Bibliografía

ALEGRET HERNÁNDEZ, J. (et al.), *Adolescentes: relaciones con los padres, drogas, sexualidad y culto al cuerpo*, Graó, 2005.

AÑAÑOS BEDRIÑANA, F. T., *Representaciones sociales de los jóvenes sobre las drogas (alcohol, tabaco y cannabis) y su influencia en el consumo*, Dykinson, 2005.

BERGANZA, C. y AGUILAR, G., *Las drogas en niños y adolescentes: un programa de prevención*, Piedra Santa, 1989.

FUNES ARTIAGA, J., *Nosotros los adolescentes y las drogas*, Ministerio de Sanidad y Consumo. Centro de Publicaciones, 1990.

GARCÍA CALATAYUD, S. y PANIAGUA REPETTO, H., *Los adolescentes y el consumo del tabaco, alcohol y drogas ilegales*, Cantabria (Comunidad Autónoma). Consejería de Educación y Juventud, 2001.

MARCELLI, D., *Adolescentes, malos rollos, complejos y comeduras de coco*, en colaboración con Guillemette de la Borie, Edaf, 2005.

MINISTERIO DE SANIDAD Y CONSUMO. CENTRO DE PUBLICACIONES, *Drogas en la adolescencia: demandas y servicios de atención,* 1990.

MUÑOZ RIVAS, M. J., GRAÑA GÓMEZ, J. L. y CRUZADO RODRÍGUEZ, J. A., *Factores de riesgo en drogodependencias, consumo de drogas en adolescentes,* Sociedad Española de Psicología Clínica Legal y Forense, 2000.

TORRES IGLESIAS, A. J., *Consumo de alcohol y otras drogas y conducta de enfermedad en adolescentes,* Universidad de Santiago de Compostela. Servicio de Publicaciones e Intercambio Científico, 1997.

TRUJILLO ARMAS, R. *El consumo de tabaco, alcohol y cannabis en la población escolar,* 1983.

UNIVERSIDAD DE DEUSTO. DEPARTAMENTO DE PUBLICACIONES, *Las familias y sus adolescentes ante las drogas: el funcionamiento de la familia con hijos de comportamiento problemático, consumidores y no consumidores de drogas,* 2001.

VICIOSO ETXEBARRÍA, C., *Cannabis, también hay hojas que informan: programa de prevención sobre el consumo de cannabis dirigido a jóvenes mayores de 16 años: unidad didáctica,* Hazkunde, Instituto para la Promoción de la Salud Mental, 1999.

Direcciones útiles

Asociación Adroga: asociación sin ánimo de lucro de ayuda a personas con problemas de drogadicción, con actividades en los campos de la prevención, la rehabilitación y la reintegración social.
http://www.fortunecity.com/meltingpot/melbourne/1223/index.htm

Asociación de Padres contra la Droga: ayuda al toxicómano y familiares.
http://www.epitelio.org/cuenca/luz/

Controla Club: organización juvenil sin ánimo de lucro que reivindica el estilo de vida y los valores juveniles, y trata de concienciar sobre la creciente dependencia a las drogas y el alcohol.
http://www.controlaclub.com/

Entérate: campañas de concienciación social del Plan Nacional sobre Drogas. Incluye directorio de recursos y sección de preguntas.
http://www.pnsd.msc.es/

FAD (Fundación de Ayuda contra la Drogadicción): institución privada, sin ánimo de lucro, dedicada a la prevención de las drogodependencias y a la promoción de estrategias educativas.

http://www.fad.es

Fundación Vivir sin Drogas: actividades, publicaciones y métodos de colaboración.

http://www.fvsd.org/

Instituto para el Estudio de las Adicciones: servicio de prevención y de asistencia a cuantas instituciones, personas físicas o jurídicas lo soliciten, en todo lo relacionado con las conductas adictivas.

http://lasdrogas.net

LasDrogas.net: directorio de recursos en Internet sobre drogodependencias y adicciones.

SOS drogas: información sobre drogas, drogadicción y alcoholismo.

http://www.sosdrogas.com.ar/

Índice

¿A qué huele en tu habitación?

Ginette Lespine y Sophie Guillou
Superar el desempleo en familia - ¿Cómo seguir adelante?

Claudine Badey-Rodríguez y Rietje Vonk
Cuando el carácter se vuelve difícil - Cómo ayudar a nuestros padres sin morir en el intento

Beatrice Copper-Royer - Catherine Firmin-Didot
¡Deja un rato el ordenador!